Traugott Kögler

Anthroposophie und Waldorf-Pädagogik

Ansätze einer kritischen Analyse

Hänssler-Verlag
Neuhausen – Stuttgart

CIP-Kurztitelaufnahme der Deutschen Bibliothek

Kögler, Traugott:
Anthroposophie und Waldorf-Pädagogik: Ansätze e. krit. Analyse /
Traugott Kögler. – 3. Aufl. – Neuhausen-Stuttgart: Hänssler, 1985.
  (Tagesfragen; Bd. 2)
  ISBN 3-7751-0845-9
NE: GT

ISBN 3-7751-0845-9
3. Auflage 1985
Tagesfragen Bd. 2
Best.-Nr. 57302
© Copyright 1983 by Hänssler-Verlag, Neuhausen-Stuttgart
Umschlaggestaltung: Daniel Dolmetsch
Satz: studiodruck, Nürtingen-Raidwangen
Druck und buchbinderische Verarbeitung: St.-Johannis-Druckerei,
Lahr-Dinglingen   21736/1985

Inhaltsübersicht

Einleitung

Die Waldorfschulen sind in letzter Zeit, so scheint es, zu einer echten Alternative des staatlichen Schulwesens geworden. Die Kinder kommen dort – so wird landläufig gesagt – in den Genuß vieler Vorzüge: Lernen ohne Leistungsdruck, ganzheitliche Erziehung, keine einseitig politische Indoktrination, Bemühen auch um schwachbegabte und schwierige Kinder, höchstes pädagogisches Engagement der Lehrer, Schulgemeinschaft von pädagogisch interessierten Eltern, betont religiöses Schulklima bei größter Toleranz gegen Andersdenkende, biblische Texte als Lehrstoff im Hauptunterricht. Sollten christlich gesinnte Eltern nicht diese Gelegenheit wahrnehmen und ihre Kinder in die Waldorfschule schicken? Tun sie ihrem Kind nicht das Beste, wenn es in der Schule nach den Grundsätzen der Waldorfpädagogik erzogen und unterrichtet wird?

Um diese Fragen aus biblisch-theologischer Sicht beantworten bzw. die gegebene Antwort verstehen zu können, müssen wir weit ausholen. In drei Teilen ist zu reden von den Grundzügen der anthroposophischen Erkenntnis, vom Zusammenhang zwischen Anthroposophie und Waldorfpädagogik und von einigen Elementen des Unterrichts in der Waldorfschule. Um der Sache gerecht zu werden, lassen wir Anthroposophen und Waldorfpädagogen, vor allem jedoch Rudolf Steiner selbst möglichst häufig zu Wort kommen. Die vielen Zitate mögen manchen Leser hinderlich, mitunter auch etwas schwer verständlich sein. Wir hoffen aber, dadurch auf der anderen Seite eine möglichst korrekte Darstellung einzelner wichtiger Aspekte von Anthroposophie und Waldorfpädagogik zu geben sowie unsere Meinung und Wertung aus christlich-biblischer Sicht verständlich machen zu können.

1. Rudolf Steiner und der Erkenntnisweg der Anthroposophie (*)

1.1. Zur Person Rudolf Steiners

Zunächst ist die Person Rudolf Steiners (1861–1925) kurz vorzustellen. Ein Lexikon charakterisiert ihn folgendermaßen: »Steiner empfängt in seiner Jugend starke Eindrücke durch Kultus und Lehre des Katholizismus, hat erste okkulte Erlebnisse, wird später eingehend in die moderne indische Theosophie eingeführt und eignet sich umfassende natur- und geisteswissenschaftliche Kenntnisse an. 1890 wird er Mitarbeiter am Goethe-Archiv Weimar, 1897–1900 ist er Mitarbeiter und Herausgeber des »Magazins für Literatur«... 1902 wird er Generalsekretär der deutschen Sektion der Theosophischen Gesellschaft und gründet 1913 die Anthroposophische Gesellschaft. Steiners Wirkung beruht auf dem Angebot einer Einheitsschau von Wissenschaft, Kunst und Religion, von der u. a. Anregungen auf Pädagogik (Waldorfschulen) und Kultus (Christengemeinschaft) ausgingen« (1).

So wurde im Jahr 1919 unter der Oberleitung von Steiner aufgrund einer Initiative des Fabrikanten Molt, dem Inhaber der Waldorf-Astoria-Zigarettenfabrik in Stuttgart, für die Arbeiterkinder dieser Fabrik die erste »Waldorf«-Schule eröffnet.

(*) Nach Fertigstellung des Manuskripts zu dieser Arbeit erschien, ebenfalls im Hänssler-Verlag, eine umfassende Darstellung und Würdigung der Anthroposophie Rudolf Steiners, auf die hier nur empfehlend hingewiesen werden kann: »Vera Pierott, Anthroposophie – eine Alternative?«, 1982.

1.2. Der Erkenntnisweg der Anthroposophie

Die Anthroposophie ist beseelt von dem Streben, zu erkennen, »was die Welt im Innersten zusammenhält« (Goethe). Zunächst geht Steiner, auch biographisch gesehen, aus vom *Idealismus,* einer philosophischen Auffassung, die das Geistige, die Ideen, die Vernunft für das eigentlich Wirkliche hält und die im Materiellen,

Körperlichen, Leiblichen (nur) Erscheinungsformen des Geistes sieht. Für Steiner sind die »Gedanken nicht Spiegelbilder einer Wirklichkeit, sondern diese Wirklichkeit selbst« (2).

Steiner ist kein Feind der modernen Wissenschaft, Kultur und technischen Entwicklung, er meint aber: »Was einströmen muß in die menschliche Entwicklung, das ist das Bewußtsein des Menschen von dem Vorhandensein nicht nur einer allgemeinen, abstrakten geistigen Welt, sondern der konkreten geistigen Welt, in der wir drinnen leben mit dem, was wir fühlen und wollen und tun« (3).

Einige wichtige Gedankengänge der Anthroposophie hängen mit dieser idealistischen Grundauffassung Steiners zusammen:

Wenn das Geistige das eigentlich Wirkliche ist, dann ist etwas vom Wichtigsten im Leben der Zugang zum Geistigen: die *Erkenntnis*. Es gilt, »aus den Tiefen der Seelen die neuen Kräfte herauszuholen, die geeignet sind, das menschliche Denken, Empfinden und Wollen zu befruchten – und einsehen muß der Mensch, wie er in den Tiefen seiner Seele zusammenhängt mit den Wurzeln des geistigen Lebens« (4). Denn »es schlummern in jedem Menschen Fähigkeiten, durch die er sich Erkenntnisse über höhere Welten erwerben kann« (Steiner) (5). Wenn sich der Mensch auf der Ebene des »reinen Denkens« bewegt, gelangt er über das Subjektive hinaus und *erlebt* das Wesen der objektiven, geistigen Welt. Die Welt der Sinne ist nicht so erlebbar. Das Denken selbst ist *Erfahrung*. »Gedankenkontrolle ist das eigentliche Gestaltungsprinzip« des Lebens (6).

Die Erkenntnis der Anthroposophen ist kein abstraktes, rationales, theoretisches Erkennen, sondern ein intuitives, unmittelbares, *erlebtes Erkennen*. »Der Geistesforscher legt eben nicht Wert darauf, was die zur Seelenübung verwendeten Bilder *bedeuten,* sondern was unter ihrem Einfluß in der Seele erlebt wird«, sagt Steiner (7). Es geht um »Seelenerlebnisse, die erfahren werden können, wenn gewisse Bedingungen in der menschlichen Seele hergestellt werden« (8).

Der Anthroposoph verrichtet demnach regelmäßig intensive »Seelenübungen«, er schult seinen Willen in *Meditation* und Konzentration (z. B. in der Rückschau auf den vergangenen Tag). Hier geht das denkende Erkennen in seelische Schulung über (9). Freilich soll man nicht egoistisch sein Leben in das Geistige erheben wollen, das wäre luziferisch; das andere Extrem wäre, unter dem Einfluß Ahrimans, der ein Gegenspieler Luzifers ist, bloß nach dem Materiellen hinzustreben. Vielmehr soll sich im menschlichen Leben das Geistige im Materiellen offenbaren (10).

Von besonderer Wichtigkeit auf dem anthroposophischen Weg der Erkenntnis ist das *»Studium der Geisteswissenschaft«*, das heißt der Schriften und Vorträge Steiners. Zwar ist es prinzipiell möglich, so wird gesagt, daß jedermann ohne weitere Hilfsmittel zu den gleichen Erkenntnissen und Ergebnissen wie Steiner kommen kann. Wer dazu aber nicht die Möglichkeit hat, kann auch auf einem anderen Weg zu diesen Erkenntnissen gelangen: »Die anthroposophische Erkenntnismethodik beruht auf dem Grundsatz, daß alle übersinnlich erforschten Erkenntnisse dem logisch prüfenden Verstand zugänglich sind. Wer die übersinnlichen Erkenntnisergebnisse noch nicht seherisch zu erleben vermag, kann diese mit dem logischen Verstand begreifen, wenn er zugleich alles herbeiträgt, was sich aus dem allgemeinen Bildungsleben der Kultur als ergänzende und beweiskräftige Erkenntnisstützen ergibt. Das Studium der Geisteswissenschaft ist selbst die erste und zugleich grundlegende Stufe auf dem Weg übersinnlicher Erkenntnisse. Es ist die Bemühung, zu einem immer intensiver sich steigernden Erleben des reinen Denkens zu gelangen« (11).

Das Ziel anthroposophischer Erkenntnis ist also ein »reines Denken«. Was damit jedoch konkret gemeint ist, ist für einen Außenstehenden schwer zu verstehen. »Es gibt reine Gedanken, die in sich selbst bestehen und bei denen alles ausgeschaltet ist, was Wahrnehmung der Sinne oder sonstig leiblich-bedingtes Innenleben ist ... Die Seele erlebt sich in einem solchen reinen Denken außerhalb der Funktionen des Leibes. Sie weiß sich selbst lebend in einem übersinnlichen Gebiet« (12). Freilich ist es wichtig, daß sich dieses reine Denken bei klarem, deutlichen Bewußtsein ereignet und nicht außer Kontrolle des vollbewußten Denkens gerät, da sonst die Einflüsse des Leibes auf Abwege führen können. Dann käme es nicht zum Erleben einer übersinnlichen, sondern zur Offenbarung einer untersinnlichen Welt (13).

Steiners Weltanschauung appelliert in besonderer Weise an den *Willen* des Menschen, sich selbst und hohe Ideale zu erkennen – und zu verwirklichen. Er schreibt in seiner »Philosophie der Freiheit«: »Dennoch kann ich nicht glauben, daß es keine Erhebung aus dem tiefen Pessimismus gibt, die aus dieser Erkenntnis hervorgeht. Diese Erhebung wird mir, wenn ich auf die Welt unseres Inneren schaue, wenn ich an die Wesenheit unserer idealen Welt näher herantrete ... Sind unsere Ideale ... nicht Wesenheiten, unabhängig von der Gunst der Natur? ...« Und weiter: »Die Ideale unseres Geistes sind eine Welt für sich, die sich auch für sich ausleben muß ... Welch erbarmungswürdiges Geschöpf wäre der Mensch, wenn er nicht *innerhalb* seiner eigenen Idealwelt Befriedigung gewinnen könnte ... *Wir wollen nichts* der Natur, uns selbst *alles* verdanken!« (14).

Die anthroposophische »Erkenntnis ist nichts Fertiges, Abgeschlossenes, sondern etwas Fließendes, Entwicklungsfähiges« (15). Sie ist nicht dogmatisch festgelegt oder festzumachen. Deshalb ist es äußerst schwierig, sie sachgerecht darzustellen. Friso Melzer meint: »Die Anthroposophen lehnen ab, ihre Grunderkenntnis ... in kurzer, klarer Gestalt auszusprechen. Sie weisen auf den kirchlichen Katechismus hin; er habe mehr Schaden als Nutzen gestiftet« (16).

Steiner »wurde immer deutlicher, daß die Unfähigkeit zu moralischem Handeln gerade dadurch hervorgerufen wird, daß die Wissenschaft vor den Grenzen des *Übersinnlichen* halt macht ... Für ihn war das Wirken übersinnlicher Kräfte ebenso eine Tatsache wie das physischer Naturkräfte« (17). So kann er etwa bei der Eröffnung der ersten Waldorfschule in Stuttgart im Jahr 1919 ausrufen:

»Ich bitte Sie daher, diese einleitenden Worte aufzufassen als eine Art Gebet zu denjenigen Mächten, die imaginierend, inspirierend, intuierend hinter uns stehen sollen, indem wir diese Aufgabe übernehmen sollen« (18). Steiner fährt dann fort: »In diesem Sinne möchte ich als erstes geschehen lassen, daß ich hier im Namen des guten Geistes, der führen soll die Menschheit aus der Not und dem Elend heraus, ... den allerherzlichsten Dank ausspreche denjenigen guten Geistern gegenüber, die unseren lieben Herrn Molt den guten Gedanken eingegeben haben, ... für die Weiterentwicklung der Menschheit dasjenige zu tun, was er mit der Waldorfschule getan hat« (19).

Durch die anthroposophische Erkenntnis kommt der Mensch also in Berührung mit der unsichtbaren Geisteswelt. »Anthroposophie ist ein Erkenntnisweg, der das Geistige im Menschen zum Geistigen im Weltall führen möchte« – so lautet die klassische Umschreibung Steiners für das, was die Anthroposophie will (20). Durch die Anthroposophie lernt der Mensch allmählich, nicht aus seinen Begabungskräften, sondern aus seinem höheren, unvergänglichen Wesen zu leben und zu handeln (21).

Die Anthroposophie ist also eine zutiefst religiöse Weltanschauung, die real mit der unsichtbaren Wirklichkeit eines Gottes und anderer Geist- und Engelwesen rechnet und die einen weiten Bogen durch die Äonen der Weltengeschichte spannt. Wenden wir uns nun dem Gottesbild der Anthroposophie zu. Es ist ein pantheistisches Gottesbild.

1.3. Ein pantheistisches Gottesbild

Ein Gotteswesen ist der Daseinsgrund der Welt. Am Anfang der kosmischen Entwicklung stand das Rein-Geistige. »Es ging zu einem Teil in die Stofflichkeit über. (Mit anderen Worten: Der Kosmos, die Welt ist göttlich.) Der andere Teil schwebt als zielsetzendes und leitendes Prinzip über dem Ganzen des nun folgenden Entwicklungsprozesses. Er verläuft für unseren Planeten in sieben Stufen, die zunächst zu einer zunehmenden Verdichtung des Geistigen ins Stoffliche, dann von der fünften Stufe an wieder zum Rückschwung und zur allmählichen Auflösung des Stofflichen ins Rein-Geistige führen. Der gegenwärtige Zeitabschnitt liegt in der Mitte des gesamten Entwicklungsprozesses« (22).

Der biblische Gottesname Elohim in der Schöpfungsgeschichte, der eine Mehrzahlform ist, deutet an, »daß eine Fülle von göttlichen Wesen im Auftrag des ureinen Gottes die Schöpfung vollzogen hat« (23). Deshalb spricht Steiner niemals »über Gott im abstrakten Sinn eines transzendentalen Monotheismus. Seinem geistigen Anschauen erschloß sich eine Welt von konkret abgestuften Wesenheiten, die sich in ihren Schöpfertätigkeiten hierarchisch voneinander abheben und denen sich innerhalb des Weltendramas der Schöpfung gegengöttliche Mächte widersetzen. Die abstrakte Simplifikation von Gott und Teufel, welche ein Ausdruck der immer geistentfremdeter gewordenen Menschheit voriger Jahrhunderte gewesen ist, hat in seinem Weltbild keinen Platz« (24).

Die göttliche Geistes- und Geisterwelt ist aber nicht statisch zu denken, als ruhte sie in sich selbst. »Die ganze Stufenordnung geistiger Wesenheiten befindet sich in einer gewaltigen Entwicklung, die in großen Rhythmen und Runden verläuft« (25). Doch nicht alle Geisterwesen machten und machen diese göttliche Entwicklung mit. Einige sind gewissermaßen »kosmische Nachzügler«, zum Beispiel Luzifer oder Ahriman (der auch Satan heißt) mit ihren geistigen Anhängern. Doch sind und bleiben auch sie, wie »alle geistigen Hierarchien an dem gemeinsamen ›Geistleibe‹ der Gottheit, wirkend und innig miteinander verwoben« (26). Luzifer und Ahriman sind zwar zurückgebliebene, Widerstand leistende, aber dennoch göttliche Geistwesen.

1.4. Der Sündenfall und das Doppelantlitz des Bösen

Die Interpretation des biblischen Sündenfalls ist von diesem Gottesbild bestimmt. Der Sündenfall ist eigentlich innerhalb der kosmischen Entwicklung »eine Götterangelegenheit, in die der Mensch hineingerissen wurde, wie es die germanische Mythologie schildert... Es lag, kraß gesprochen, gar nicht in der Macht des Menschen, dieser Versuchung zu widerstehen... Der Sündenfall war kein Fall durch menschliche Sünde, sondern ein Fall in die Sünde... Die Ursünde liegt bei Luzifer, die Einzelsünde beim Menschen« (27).

Der große Fehler, den die Menschen im Paradies begangen haben, lag im Streben nach Erkenntnis. »Das selbständige Erkenntnisvermögen ist durch einen Akt luziferischer Mächte angeregt worden« (28). Klugheit und Intellekt und die Tatsache, daß des Menschen Geist der materiellen physiologischen Strukturen des Gehirns bedarf, sind mittelbare Folgen des Sündenfalls. Ausbildung des Intellekts bedeutet gleichzeitig Loslösung vom Göttlichen (29).

Bis heute sind Luzifer und Ahriman als zurückgebliebene göttliche Wesenheiten am Werk. Sie sind nicht als absolut böse anzusehen, sondern sie werden nur »für den Menschen zu bösen Wesenheiten«, weil sie ihn versuchen und seine geistige Entwicklung verzögern wollen. Auf der anderen Seite haben sie gerade dadurch eine »Weltenaufgabe, die sie erfüllen«. Die Gottheit braucht sie, damit die Menschen an diesen widerstrebenden Elementen wachsen und höhere Kräfte in sich wachrufen können (30). »Das Böse ist der Kunstgriff der Götter, um ein höheres Gutes zu verwirklichen« (31). Das Zurückbleiben Luzifers und Ahrimans ist für diese ein Verzicht, »ein kosmisches Opfer«, das sie der übrigen Welt bringen, damit diese vorwärts kommt (32).

Das Böse ist, wie jetzt noch verdeutlicht werden muß, nach den Anschauungen der Anthroposophie in sich gespalten (33). In der Versuchung, die von Ahriman ausgeht und die heute gerade im Westen besonders gefährlich ist, verfällt der Mensch dem materiellen Gesetz der Erde. Diese »Erdsucht« bedeutet: materialistische Lebensauffassung, irdisch-gerichteter Intellekt, verstandesmäßige Beschäftigung mit dem Materiellen, einseitig mathematische Weltbetrachtung, Lähmung der Erkenntnis des »geistig-qualitativen Weltinhaltes«, Behinderung einer »das Weltganze berücksichtigenden Denkungsart«. Auf der anderen Seite steht der Mensch unter dem Einfluß Luzifers. Dieser verleitet den Menschen zur »Erdflucht«: zu streben nach Erkenntnis wie Eva im Paradies, zu verlangen nach einem bloß ins Geistige gewandten Innenleben, zu egoistischem Erlösungsverlangen und Flucht in eine Schein-Geistigkeit oder in Rauschhaftigkeit.

Der Mensch soll weder der einen noch der anderen Versuchung anheimfallen; seine Aufgabe ist es vielmehr beide Tendenzen in Harmonie zu bringen, so daß er »innerhalb der Erdenwelt den Geist zur Erscheinung bringt« (34). Um keiner der beiden Versuchungen zum Opfer zu fallen, beobachten wir in der Anthroposophie beides: einerseits Pflege des Geistigen, des Mystisch-Meditativen, der Kunst und Religion, andererseits Hinwendung zur Welt in Wissenschaft, Kunst, Medizin und Erziehung, um die Welt entsprechend ihrer Auffassung zu durchgeistigen.

Dieses Engagement im Geistigen und in der Welt ist ein Schritt auf dem Weg zur Überwindung des Bösen. Der Mensch soll in sich selbst diese für ihn bösen Kräfte und geistigen Tendenzen erleiden, innerlich verwandeln und ins Gute erhöhen, ja sogar auf diesem Wege »ihre einstige Erlösung vorbereiten« (35). Der Mensch aber wird durch den Zusammenstoß mit jenen widerstrebenden Mächten »aufgerufen, noch höhere Kräfte des Guten in sich zu erwecken« (36).

Gutes zu tun – oder nicht zu tun, das hat für jeden Menschen schicksalhafte, ewige Bedeutung. Es geht dabei um sein eigenes Karma.

1.5. Karma und Reinkarnation (Wiederverkörperung)

Von zwei Ideen ist die Anthroposophie tief durchdrungen, von Freiheit und Gerechtigkeit. Im Kosmos waltet absolute *Gerechtigkeit:* »Böses Handeln muß durch gutes Handeln wieder zurechtgerückt, ausgeglichen werden« (36*). *Karma* bedeutet: »das in den geistigen Welten lebendig wirkende Gesetz von der ehernen Notwendigkeit des Ausgleichs aller Taten ... Dieses Gesetz besagt, daß für jede Schädigung, für jeden Schmerz, den ein Mensch dem anderen Menschen und damit der Welt zugefügt hat, von ihm entweder noch in demselben Leben, oder im folgenden Leben, oder in einer späteren Verkörperung, unausweichlich ein Ausgleich geschaffen werden muß« (37).

Das bedeutet für das Selbstverständnis des Anthroposophen, »daß den Menschen im Leben nichts treffen kann, wozu er nicht selbst die Bedingung geschaffen hat« (Steiner) (38) in einem vorhergehenden Erdenleben. Insofern waltet über dem Erdenleben eine gewisse Notwendigkeit, ein unausweichliches Schicksal, eben das Karma. Im Erdenleben aber hat der Mensch die Möglichkeit und *Freiheit,* »aktiv an seinem Schicksal mitzuarbeiten« (39), also durch gute Taten böse Taten, auch solche aus vergangenen Erdenleben, auszugleichen und sich für kommende Inkarnationen bessere »Startbedingungen« zu erarbeiten. Steiner sagt deutlich: »Was ich heute tue, wird *mit* eine Ursache sein, warum ich in einem späteren Leben diese oder jene Verhältnisse antreffen werde. So schafft sich der Mensch in der Tat sein Schicksal« (40).

Wie der Anthroposoph sein eigenes Leben versteht, so versteht er dann auch das Leben der anderen, auch der Kinder, die er erzieht, und zwar in doppelter Hinsicht: als das, was der andere *ist* aufgrund voriger Erdenleben, und als das, was er *werden* soll und kann. Für den Pädagogen steht fest, »daß ein bestimmter Grad von Fähigkeiten, den ein Kind hat, als *Ergebnis* aus einem vorangegangenen Erdenleben mitgebracht wird« (41).

Die »Lehre« von Karma und Reinkarnation kann man als die eigentliche, tiefste Wurzel für das Verantwortungsgefühl, für die ungeheure Anstrengungsbereitschaft, für die Aufopferung, für die hohen ethischen Ideale der Anthroposophen ansehen.

Steiner sagt dazu: »Da erweitert sich etwas mit dem Wissen von Reinkarnation und Karma über die Grenzen von Geburt und Tod hinaus...: das Verantwortungsgefühl...« (42).

Verantwortung für das eigene Karma und die eigene Höherentwicklung: »Durch die von mir ausgehende Tat wird neues Schicksal geschaffen«, schreibt Steiner. Und dann an anderer Stelle: »Immer reicher wird der Schatz, den seine Erfahrungen in seinem Geist ansammeln... Das macht ihn immer mehr zum Herrn des Schicksals... Immer geringer wird der Zwang der Umwelt, immer mehr vermag der Geist sich selbst zu bestimmen. Der Geist aber, der sich selbst bestimmt, ist der freie Geist... die volle Freiheit des Menschengeistes ist das Ideal seiner Entwicklung.«

Das Karma des einzelnen hat Bedeutung für die gesamte Höherentwicklung der Menschheit: »Wie ich war in dem Leben, so werde ich wirken auf alles, was in der Zukunft geschieht, auf die ganze Kultur der Zukunft.« – »Die Pilgerfahrt durch die Verkörperungen hindurch wird eine Aufwärtsentwicklung sein.« Daraus folgt die hohe Verantwortung für das Karma des Mitmenschen: »Wenn ich *ihm* helfe, so kann ich bewirken, daß er durch seine Taten seinem Schicksal eine günstige Wendung gibt.«

1.6. Die Anthroposophie als Spielart des fernöstlichen Mystizismus

Die Anthroposophie ist als Erkenntnisweg und als religiöse Weltanschauung von fernöstlichen, mystischen Vorstellungen durchdrungen. Diese sind allerdings, wie ausdrücklich gesagt wird, bewußt in ein abendländisches, christliches Gewand gekleidet, um so die Menschen der westlichen Halbkugel besser ansprechen zu können.

Der Aufschwung der Waldorfschulen aber, deren Zahl sich in den letzten sieben Jahren auf 60 verdoppelt hat (Keller), findet nicht zufällig in einer Zeit statt, in der fernöstliche Gedanken das allgemeine geistige und religiöse Klima wesentlich mitbestimmen.

Die Anthroposophie, auf der das Konzept der Waldorfschule beruht, ist als eine Spielart dieser sich immer weiter verbreitenden Geisteshaltung anzusehen. Vier Merkmale charakterisieren diesen geistigen Trend unserer Tage (43):

- ein pantheistisches Gottesbild bei Ablehnung eines persönlichen Gottes (Pantheismus)
- Betonung der Erfahrung und der Intuition bei Hintansetzung des rationalen Denkens (Irrationalismus)
- Meditation als Methode der Wahrheitsfindung
- ein individualistischer Weg zum Heil bei Ablehnung alles Lehrhaften und Dogmatischen (Subjektivismus)

Diese geistigen Tendenzen, die heute irgendwie »in der Luft liegen«, finden sich mehr oder weniger in der Anthroposophie Steiners wieder. Das soll nun kurz aufgezeigt werden.

1. Das Gottesbild der Anthroposophie ist ein pantheistisches Gottesbild. Man spricht von Gott oder Gottheit, meint aber einen anderen Gott als den persönlichen Gott der Bibel, der Schöpfer und Erhalter der Welt ist und als unendliche Person dieser Welt frei gegenübersteht. Gott ist hier vielmehr der große, gute Geist, der die Welt durch eine Vielzahl geistiger Wesen schafft und durchwaltet. Die Welt ist letztlich eine Erscheinungsform, eine Verstofflichung des Geistes.

Der pantheistische Standpunkt der Anthroposophie relativiert, wenn man konsequent zu Ende denkt, die Unterscheidung von gut und böse. Ist nämlich die Welt, also auch der Mensch, göttlich, so ist er auch gut an sich. Böses ist höchstens »Gutes am falschen Ort« (44). Allerdings hat die Anthroposophie eine besonders ausgeprägte Auffassung von Luzifer und Ahriman, die die Widersacher des Christus in dieser Welt sind, der eine im Geistigen, der andere im Materiellen. Was aber zu fehlen scheint, ist die biblische Sicht des Bösen in seinem prinzipiellen Charakter und in seiner abgründigen Tiefe, die Entlarvung des Bösen als Sünde, d. i. als tief verwurzelte Feindschaft gegen den persönlichen Gott. Böses tun heißt in der Anthroposophie, wenn man einem anderen Menschen – und damit der Welt, das ist letzlich »Gott« – weh getan, Schmerz zugefügt hat (45).

Von der Erlösung durch Christus wird zwar auch gesprochen, sie wird aber umgedeutet. Davon wird noch eigens die Rede sein. Die Sünde und das Böse werden nicht so radikal gesehen, daß nur eine »Erlösung allein aus Gnade« den Schaden beheben, nur eine »fremde Gerechtigkeit«, nämlich die Gerechtigkeit Christi, vor Gott, dem Richter, aushelfen kann. Es ist dagegen nach anthroposophischer Auffassung möglich, ja geradezu ein wichtiges Ziel im Leben, böse Taten durch gutes Handeln auszugleichen, das Böse in Gutes zu verwandeln und sich so ein besseres Karma zu verschaffen. So ist die Anthroposophie keine Erlösungsreligion, sondern ein Weg der Selbstvervollkommnung unter dem unerbittlichen Joch von Karma und Reinkarnation. Man will nichts der Natur oder einem anderen, sich selbst aber alles verdanken (Steiner).

Diese Selbsterlösungslehre von Karma und Reinkarnation, die ganz offensichtlich der traditionellen biblisch-christlichen Auffassung widerspricht, hat zur Voraussetzung eben jenes pantheistische Gottesbild, das Gott und Geist und Welt und Mensch letztlich als universale Einheit sieht und das nichts von einem absolut Bösen weiß. »Das Böse ist das, was dem Werden des Guten nicht Schritt zu halten vermag, was der göttlichen Weltentwicklung ›nachhinkt‹« (46).

2. Der mystische Trend unserer Tage betont die persönliche, emotionale Erfahrung und mißt dem rationalen, sachlogischen Denken nicht die gleiche Bedeutung bei. Dieses irrationale Moment findet man, wenn auch unter anderen Vorzeichen, bei der Anthroposophie wieder, und es ist sicherlich ein wesentlicher Grund dafür, daß Anthroposophie und Waldorfpädagogik heute so gefragt sind.

Steiner entwirft großartige Gedankengebäude, und seine Meditationen wollen ausdrücklich nicht das denkende Bewußtsein ausschalten, sondern wachhalten und schärfen. Und doch ist in seinen Schriften viel zu lesen von »Gefühl hervorrufen«, »Empfindungen haben«, »Fühlen des Christus-Impulses«, »Einströmenlassen des Christus-Impulses«, »seinen Geist auf den Christus und die geistigen Weltenmächte hinrichten«, »die geistigen Augen hellsichtig öffnen« usw. (47). Der Weg, auf dem Steiner zu seinen übersinnlichen Erlebnissen kommt und auf dem der Anthroposoph diese Erkenntnisse nachvollzieht, ist nach all dem nicht der jedem geläufige Weg der Informationsaufnahme und -verarbeitung aufgrund des logischen Denkens, sondern eine offenbar elitäre Form meditativer Erfahrungen.

3. Es ist also sehr die Frage, ob durch solche »Seelenübungen« (48) nicht doch das Denkvermögen, das kontrollierende Ich, das Zentrum der menschlichen Person ausgeschaltet werden muß, damit der Meditierende zum »reinen Denken«, zum wahren »Hellsehen« gelangen kann. Es ist zu vermuten, daß dieses »reine Denken« der Anthroposophen dem ähnlich ist, was sonst im Umfeld der Mystik als das Eintauchen in das kosmische Bewußtsein bezeichnet wird. In der Anthroposophie gilt als erklärtes Ziel, »verändert, weitergebracht, erweitert und entwickelt zu werden bis zur bewußten, wissenden Einheit des Menschen mit dem Universum« (49). Und Steiner selbst schreibt: »In dem Denken haben wir das Element gegeben, das unsere besondere Individualität mit dem Kosmos zu einem Ganzen zusammenschließt. Indem wir empfinden und fühlen (auch wahrnehmen), sind wir einzelne, indem wir denken, sind wir das all-eine Wesen, das alles durchdringt« (50). So müssen auch die Meditationsübungen der Anthroposophen im Grund als Wege zur Verschmelzung mit dem Kosmos, damit als Wege der Entpersönlichung erkannt werden. Sie sind zugleich Methoden, die der sündige Mensch erfindet, um auf schmerzlose Art des bedrohenden Gefühls der Sünde Herr zu werden. Zwar gibt es auch eine Form der Meditation, die im Leben eines jeden Christen Platz haben sollte. Meditation begibt sich jedoch nur dann nicht in das gefährliche Fahrwasser fernöstlicher Praktiken, wenn sie am Wort der Bibel ihren Inhalt findet und wenn sie das Denkvermögen nicht ausschaltet, sondern einbezieht.

4. Subjektivistisch ist die Anthroposophie deshalb, weil sie einen individualistischen Weg zum Heil beschreibt und alles Objektiv-Verbindliche ablehnt. Abgelehnt werden dem Menschen von außen gesetzte Gebote, abgelehnt wird alles Lehrhaft-Dogmatische des biblischen Glaubens. Jeder muß den ihm gemäßen Weg finden, um zum »reinen Denken« zu gelangen und um sich ein besseres Karma zu verschaffen. Man kann deshalb bei Anthroposophen eine große Toleranz gegen Andersdenkende beobachten. Was aber dem Menschen, der eine subjektivistische Weltanschauung oder Religion vertritt, offensichtlich fehlt, ist das, was der

Christ kennt: Gewißheit über die Wahrheit, Gewißheit des Heils, Gewißheit über den Sinn seines Lebens. Der Anthroposoph aber muß sich wieder und wieder sagen lassen: »Wer immer strebend sich bemüht, den können wir erlösen« (Goethe).

Dieser Beschreibung der Anthroposophie als einer Spielart der fernöstlichen Mystik sind noch einige kurze, bemerkenswerte Beobachtungen anzufügen:

Begegnet man Menschen, die der Anthroposophie nahestehen, kann man oft einen Zug ins Melancholische, Depressive an ihnen beobachten. Friso Melzer, ein Kenner Indiens und der Anthroposophie, weist darauf hin, in welchem Maß der Glaube an Karma und Wiederverkörperung die Menschen mit Trauer und Leiden erfüllt, und er urteilt: »Eine Strafe abbüßen für ein Vergehen, das mir unbekannt ist, das ist – unsittlich! Da verliert die Strafe, da verliert das Leiden seinen Sinn, da wird es zu sinnloser Plage« (51).

Die Bedeutung Rudolf Steiners für die Anthroposophie ist kaum zu unterschätzen. Man sagt etwa: »Er hat den Geist entdeckt, nicht mehr und nicht weniger ... Es war die Rettertat für die gesamte Kultur der Menschheit« (Rittelmeyer) (52). Er hat »übersinnliche Forschungsergebnisse in Gedankenform umgeprägt ... Er lehrt nicht nur ein bis dahin ungekanntes Maß spiritueller Offenbarungen – er ist Aufwecker der Selbstkraft jedes einzelnen« (53). In der Tat nehmen alle Schriften der Anthroposophie und der Waldorfpädagogik Bezug auf ihn. Seine Worte und Gedanken sind dort etwa das, was in der christlichen Gemeinde die Bibel bedeutet.

Die Anthroposophie wendet sich ausdrücklich gegen den Materialismus des 20. Jahrhunderts. Insofern hat sie scheinbar das gleiche Anliegen wie das Evangelium. Doch zu denken gibt, was der christliche Philosoph Paul Schütz einmal formulierte: »Die Gottlosigkeit, die im Materialismus kaum mehr verhüllt zutage tritt, wird im Idealismus überblendet durch das luziferische Licht eines falschen Gottes.« Wir meinen, dies gilt auch für den Idealismus anthroposophischer Prägung.

Schließlich muß noch dies gesagt werden: Wenn in der Anthroposophie vom Unsichtbaren, Übersinnlichen und Geistigen, vom »guten Geist« und von kosmischen Wesenheiten gesprochen wird und wenn sie gewissermaßen im Gebet angerufen werden, so darf man das nicht als Hirngespinst oder Phantasie abtun, sondern man muß erkennen: Dies ist ein Umgang mit Wirklichkeiten und mit unsichtbaren Mächten, der dem Christen durch Gottes eindeutiges Gebot untersagt ist.

2. Der Zusammenhang von Anthroposophie und Waldorfpädagogik

Im nun folgenden 2. Teil soll dargestellt werden, auf welche Art und Weise die Waldorfpädagogik und das Geschehen in einer Waldorfschule durch die Anthroposophie Steiners bestimmt werden. Im wesentlichen sehe ich drei »Scharniere«, um im Bild zu reden, durch die die Waldorfpädagogik unabdingbar und doch »beweglich« an der Anthroposophie festgemacht ist. Es sind dies:

– das Menschenbild der Anthroposophie
– der Christus-Impuls Rudolf Steiners
– die Person des Waldorflehrers

2.1. Das Menschenbild der Anthroposophie

Einige Züge dieses Menschenbilds sind aus dem Bisherigen schon deutlich geworden: Der menschliche Geist hängt mit dem Göttlichen zusammen. Der Mensch ist eigentlich gut. Er steht aber unter dem Gesetz von Karma und Wiederverkörperung. Deshalb steht fest, »daß der Mensch einer übersinnlichen Welt angehört« (Steiner) (54).

Die Dreiheit von Geist, Seele und Leib

Dreierlei bedingt aus der Sicht der Anthroposophie den Lebenslauf eines Menschen:

Der *Leib* unterliegt dem Gesetz der Vererbung.

Die *Seele* unterliegt dem selbstgeschaffenen Schicksal (Karma).

Der *Geist* steht unter dem Gesetz der Wiederverkörperung (55).

In jeder Wiederverkörperung ist der Menschengeist immer derselbe. Steiner erklärt:

»Als solcher ist er das *Ewige* in den mannigfaltigen Verkörperungen. Körper und Geist stehen einander gegenüber. Zwischen beiden muß etwas sein, wie das Gedächtnis zwischen meinen

Taten von gestern und denen von heute ist. Und dies ist die Seele. Sie bewahrt die Wirkungen meiner Taten aus den früheren Leben. Sie bewirkt, daß der Geist in einer neuen Verkörperung als das erscheint, was vorhergehende Leben aus ihm gemacht haben. So hängen Leib, Seele und Geist zusammen.« Und er fährt fort: »Ewig ist der Geist; Geburt und Tod walten nach den Gesetzen der physischen Welt in der Körperlichkeit; beide führt die Seele immer wieder zusammen, indem sie aus den Taten das Schicksal webt« (56/57).

Für das praktische Leben bedeutet diese Auffassung von Leib, Seele und Geist: »Die Seele lebt einerseits das Leibesleben mit und empfängt von ihm die Eindrücke der irdischen Welt durch die Sinnesorgane. So hat die Seele Anteil an der eigentlichen Erdenwelt. Und die Erdenwelt wirkt ihrerseits auf mannigfaltige Weise auf das Seelenleben ein. Nach der anderen Seite hin erschließt sich die Seele dem Geiste. Eine höhere, von allem Physischen unabhängige Geist-Welt eröffnet sich ihr da. Sie hat dadurch Anteil an dem Göttlichen. So richtet sich die Tätigkeit der Seele auf diese beiden Seiten der Welt: das Irdische und das Geistige. Sie schwingt zwischen Geistwelt und Erdenwelt und findet dann die richtige menschenwürdige Harmonie, wenn es ihr gelingt, das Irdisch-Erlebte in der Seele zu vergeistigen und das in sie hineinleuchtende Licht des Geistes bis in die irdische Welt hinein erstrahlen zu lassen« (58).

Der Mensch unter dem Aspekt der Entwicklung und Erziehung

Die Anthroposophie denkt in einem weitgespannten Bogen und vom Ansatz her entwicklungsmäßig. So sieht sie nicht bloß die Welt, sondern die Menschheit als ganzes wie auch den einzelnen Menschen unter dem Gesichtspunkt der Entwicklung. »Was am Einzelmenschen ... zu beobachten ist, das zeichnet sich in der Menschheitsentwicklung im Großen ab« (59). Deshalb kann Steiner feststellen: »Auf der Kenntnis dieser Entwicklungsgesetze der menschlichen Natur beruht die rechte Grundlage der Erziehung und auch des Unterrichts« (60).

Zuerst muß (vereinfachend) umrissen werden, wie nach anthroposophischer Auffassung ein erwachsener Mensch gebildet ist. Er hat vier *Wesensglieder:* den physischen Leib, den Ätherleib, den Astralleib, das Ich oder den Geist. Der physische Leib ist der sichtbare Leib und lenkt das Wollen, die unbewußten Antriebe. Der Ätherleib ist unsichtbar, durchdringt den physischen Leib und ermöglicht das Fühlen. Der Astralleib ist die eigentliche Seele und »erzeugt« das Denken und das Bewußtsein. Das Ich schließlich ist der Wesenskern des Menschen. Es steuert das harmonische Zusammenwirken aller Wesensglieder.

Die Waldorfpädagogik ist nun der Auffassung, daß diese vier Wesensglieder nach und nach geboren werden, die Inkarnation vollzieht sich allmählich und schrittweise. Und für die Erziehung ist die Kenntnis dieser Entwicklungsschritte wichtig, weil man wissen muß, »auf welchen Teil der menschlichen Wesenheit man in einem bestimmten Lebensalter einzuwirken hat und wie solche Einwirkung sachgemäß geschieht« (61).

Bis etwa zum 7. Lebensjahr (Zahnwechsel) hat das Kind den physischen Leib mit seinem tiefen, unbewußten Wollen. Der Erzieher wirkt auf das Kind durch sein handelndes Vorbild, das vom Kind nachgeahmt wird. Dann wird der Ätherleib geboren. Bis zum 14. Lebensjahr (Pubertät) wirkt Erziehung und Unterricht auf den Ätherleib, das Fühlen und das Gedächtnis ein durch Vorbilder, die durch die »Autorität« des Lehrers vermittelt werden. Die Geburt des Astralleibs führt zur Pubertät. Erst ab jetzt ist der Mensch zum Urteilen und abstrakten Denken fähig. Die Erziehung beruht in diesem Zeitabschnitt auf dem glaubwürdigen Vorbild des Erziehers und auf der Beflügelung durch »Ideale«. Erst ums 21. Lebensjahr kann, wenn es überhaupt dazu kommt, das Ich, das Geistige im Menschen, geboren werden.

Diese Gesetzmäßigkeiten der Individualentwicklung verlaufen bei allen Menschen gleich (62). Dies ist auch der Grund, warum die Waldorfschule eine Einheitsschule, eine konsequente Gesamtschule (63) ist und warum es auch in aller Regel nicht nötig ist, Kinder eine Klasse wiederholen zu lassen. Die Entwicklung der vier Wesensglieder des Menschen ist in Abbildung 1 tabellarisch dargestellt.

Abb. 1:
**Die Entwicklung und Funktionen der Wesensglieder
des Menschen**

Zeit	Wesensglieder	Funktion der Wesens-glieder
Geburt	Geburt des *physischen Leibes* Der Ätherleib und die anderen beiden Wesensglieder sind noch ungeboren. Das Kind ist noch ganz mit dem Erwachsenen verbunden.	Das *Wollen,* der tief unter der Schwelle des Bewußtseins liegende Wille.
Zahnwechsel (7. Lebensjahr)	Geburt des *Ätherleibes* Der Astralleib ist noch ungeboren, d. h. noch ganz mit dem des Erwachsenen verbunden. Alle Seelenregungen des Erwachsenen gehen »unterirdisch« vom Erwachsenen auf das Kind über; die Handlungen, die das Kind fast automatisch nachgeahmt hat, nicht mehr.	Das *Fühlen* (halbbewußt). Das Gedächtnis ist an den Bildekräfteleib (= Ätherleib) gebunden. Das Kind nimmt nicht mehr nur wahr, sondern es verarbeitet das Geschaute zu inneren Bildern.
Pubertät (14. Lebensjahr)	Geburt des *Astralleibes* Das Ich bleibt noch ungeboren.	Das *Denken* (bewußt), die Fähigkeit, seelisch intensiv und bewußt zu erleben. Bildung der eigenen Urteilskraft.
Volljährigkeit (21. Lebensjahr)	Geburt des *Ich,* des Geistes	Wesenskern des Menschen, der im Transzendenten webt und das Zusammenwirken der Wesensglieder harmonisch steuert.

Das Ich des Menschen

Was versteht die Anthroposophie unter dem Ich des (erwachsenen) Menschen? Steiner meint: Das Ich befindet sich nicht innerhalb der Leibesorganisation. Es webt im Transzendenten (in der Unsichtbarkeit). Der Leib spiegelt durch seine organische Tätigkeit das Ich dem Ich zurück. »Der Wesenskern dessen, der sich spiegelt, liegt außerhalb des Spiegels.« Man kann deshalb nicht sagen, »das Ich müsse sich selbst überspringen, wenn es in das Transzendente gelangen wollte« (64). An anderer Stelle bezeichnet Steiner das menschliche Ich als »den göttlichen Teil im Menschen selber« und führt aus: »Wie der Tropfen sich zu dem Meer verhält, so verhält sich das ›Ich‹ zum Göttlichen ... Der Mensch kann in sich ein Göttliches finden, weil sein ureigenstes Wesen dem Göttlichen entnommen ist« (65).

Von daher gesehen ist die Bedeutung verständlich, die die Anthroposophen der Erkenntnis des Übersinnlichen, dem Ich-Bewußtsein, dem Eindringen in die Tiefen des eigenen Selbst beimessen. Friso Melzer faßt es so zusammen: »Je tiefer der Mensch in die Schächte seines höheren Ich hinabsteige, um so näher gelange er an das Göttliche; je mehr er sich selbst ent-werde, um so mehr gehe er in das reine Sein der Gottheit ein« (66). Der Mensch, der Kosmos und das Göttliche sind innig miteinander verbunden (67). So kann Steiner einmal folgende Sätze ausrufen: »Kommen Sie über die Illusion hinweg, daß Sie ein begrenzter Mensch sind, fassen Sie das auf, was Sie sind, als Prozeß, als Vorgang im Kosmos, was es in Wirklichkeit ist, dann können Sie sagen: Ich selber bin ein Atemzug des Kosmos« (68).

Nächstenliebe wird dann mit Gottesliebe identisch, indem man ausruft: »Wie Maria möcht ich hingegeben lieben den Gott, der ... mich aus der Seele meines Menschenbruders ... zart begrüßt« (69). Erziehung wird dann zum religiösen Kult, zu einer Art Gottesdienst. Doch davon später.

Das Böse in der Erziehung

Ist der Mensch wie auch der Kosmos göttlich, so ist er auch gut an sich. Das Böse ist dann »Gutes am falschen Platz«. »So wie wohl ein Chemiker im Scherz den Satz aufstellt: Schmutz ist nur Materie am falschen Ort, so kann man im tiefsten Ernst sagen, das Böse sei ein an sich Gutes, das nur in einem ihm nicht eigentlich gemäßen Zusammenhang, gleichsam auch ›am falschen Ort‹ auftrete und das dadurch, nur dadurch, hemmend und zerstörend wirke. Wenn es ›an seinen Ort‹ gerückt wird, so kann es sich aus Bösem sehr wohl in Gutes verwandeln, so wie Gift in der Hand des Arztes zum Heilmittel werden kann« (70). Für die Erziehung bedeutet das: »Die schlechte Tat als solche, unmittelbar so, wie sie ist, ist eigentlich nie gewollt« (71).

Die Waldorfpädagogik ist daher von einem gewissen Erziehungsoptimismus beseelt. Denn für die Erziehung ergibt sich aus dieser Auffassung des Bösen folgende Möglichkeit:

»Es gibt in der kindlichen, sittlichen Vorbestimmtheit nichts Schlechtes, das nicht in diesem Lebensalter, wenn man als Erziehender die nötige Einsicht und Energie hat, wenigstens in den meisten Fällen, auch ins Gute gewendet werden könnte . . .« (72).

2.2. Der Christus-Impuls Rudolf Steiners

Die Waldorfpädagogik und der von Steiner ausgehende pädagogische Einfluß sind »ohne das anthroposophische Wirklichkeitsverständnis und ohne das darin eingebettete Bild vom Menschen nicht zu denken. Alle diese Aktivitäten aber sind Konkretionen des einen unter vielfältigen Aspekten gesehenen Christusimpulses.« (73). Der Christus-Impuls Steiners ist »die geheime Sinnmitte der Steinerschen Geisteswissenschaft überhaupt, und zwar völlig unabhängig von einem traditionellen kirchlichen Verständnis des Christusereignisses« (74). Alles anthroposophische Bemühen steht »letztlich im Zusammenhang mit dieser Christusmitte, auch wenn das nicht immer oder nur gelegentlich zum Ausdruck gebracht wird« (75).

Bewußt soll daher auch die Waldorfschule »in eine Atmosphäre der Christlichkeit getaucht« sein. Die Waldorfpädagogik, als Unterricht und als Erziehung, lebt vom Mysterium auf Golgatha (76).

Es ist also in unserem Zusammenhang unerläßlich, wenigstens einige wichtige Gesichtspunkte des Christus-Impulses nach Rudolf Steiner darzustellen.

Christus als Inkarnation des »hohen Sonnengeistes«

Christus ist der »»hohe Sonnengeist«, der seit Urzeiten das Menschengeschlecht begleitet und auf immer neue Weise begnadet hat«. Die Sonne ist gleichzeitig der »kosmische Schauplatz höchsten geistigen Lebens, das in liebender Hingabe sich an die Welt zu verströmen bereit ist« (77). Vorchristliche Religionen sind dadurch entstanden, daß seherische Menschen einzelne Stationen der Sphärenwanderung des Christus auf die Erde auffangen konnten (78).

»Der ›Logos‹, der hohe ›Geist der Sonne‹ inkarnierte sich als ›Christus‹ in dem Menschen Jesus von Nazareth. Das war die Wende schlechthin« (79). Diese Inkarnation erfolgte nicht bei der Geburt, sondern später, nach und nach. Denn in dem Menschen Jesus von Nazareth inkarnierten nacheinander: der Ätherleib des unschuldigen Teils aus Adam, der Astralleib des Buddha, das Ich des Zarathustra (welches ihn aber im 30. Jahr bei der Taufe wieder verließ) und schließlich das Christus-Ich, der Sonnengeist, bei der Taufe im Jordan am 6. Januar (80).

Weil in den Evangelien zwei verschiedene Stammbäume Jesu überliefert sind, geht die Anthroposophie auch von zwei verschiedenen Jesusknaben aus. »Die Eltern heißen beide Joseph und Maria. Der eine Joseph führt sein Geschlecht auf Nathan, den priesterlichen Nachkommen Davids, zurück und wohnt in Nazareth. Dies ist der Jesusknabe des Lukas-Evangeliums. Der andere auf Salomo, den königlichen Nachkommen, und er wohnt in Bethlehem; ihn schildert das Matthäus-Evangelium ... Den physischen Leib haben beide Jesusknaben von ihren Eltern. Aber im nathanischen Jesusknaben wohnt als Ätherleib die Adam-Individualität, d. h. der noch unschuldige Teil Adams, der nach dem Sündenfall von Adam weggenommen und in der Mutterloge, die der große sonneneingeweihte Manu lenkt, gepflegt worden war. In dem Astralleib des Knaben wirkt aber eine Art Astralleib des Buddha, so daß in ihm die Weisheit Buddhas rein aufleuchtet. In dem salomonischen Jesusknaben lebt die Individualität des Zarathustra bis zum 12. Jahr. Dann geht diese auf den nathanischen über; darum kennen ihn seine Eltern im Tempel nicht mehr. Der salomonische Jesus stirbt, und sein Ätherleib wird in die ewige Welt entrückt.

Einstweilen waren der Vater des salomonischen und die Mutter des nathanischen Jesus gestorben, und die Maria des salomonischen Hauses und ihre Kinder vereinigten sich mit dem Joseph des nathanischen Hauses. Im 30. Jahr verläßt das Zarathustra-Ich den nathanischen Jesus wieder und vereinigt sich mit dem entrückten Ätherleib des salomonischen Jesus. Vereint ziehen diese später einmal in einen neuen physischen Leib ein und werden immer wieder verkörpert, zur Lenkung der christlichen Geistesströmung, und zwar als Meister Jesus. Dieser ist also verschieden von dem palästinensischen Jesus, in den sich bei der Taufe das große Christus-Ich senkt und ihn durchkraftet« (81). Die wichtigsten Einzelheiten des anthroposophischen Jesusbildes wurden in Abbildung 2 zusammengefaßt.

Die Aufgabe, die der Christus hatte, wird so geschildert: »Die Aufgabe des Christus besteht nicht darin, etwas Bestimmtes zu tun. Er braucht nur da zu sein. Die Tatsache, daß er unter uns und mit den Menschen lebt, ist bereits die Erfüllung seines Auftrags und der Beginn eines neuen, inneren Aufstiegs für die ganze Menschheit« (82). Der Christus hat den menschlichen Erdenleib ganz durchdrungen und so die Möglichkeit einer neuen Geistigkeit begründet.

Das Mysterium von Golgatha

Der Christus-Impuls Steiners ist jedoch nicht sachgerecht zu erfassen ohne Kenntnis der vorchristlichen Mysterienreligionen. Die Anthroposophie meint, daß durch die heidnischen Mysterienkulte des Altertums die eingetretene Entfremdung vom Göttlichen in einer gewissen Weise noch einmal rückgängig gemacht, überwunden werden konnte (83).

»An den Mysterienstätten wurde das geheime Wissen von Gott gehütet. Nur wer für reif befunden wurde, empfing die Einweihung (d. h. den Einweihungsritus). Sie (die Einweihung) führte ... zu einer Verwandlung des Mysten (des eingeweihten Menschen), so daß er ... Gottes inne werden, das Göttliche in sich selbst erfahren und fortan von diesem Urgrund her leben konnte.« Durch geheimnisvolle Prozeduren mußte dabei das Irdische, das Ich, »getötet«, das Höhere erweckt werden (84). Eingeweihte hatten, nach Auffassung der Anthroposophie, schon lange vor Christus Gemeinschaft mit dem »hohen Sonnengeist«: Zarathustra, Noah u. a., d. h. sie

Abb. 2:
Die beiden Jesusknaben und die Inkarnationen des Jesus von Nazareth

	nathanischer Jesus	salomonischer Jesus
Vorfahre	Nathan	Salomo
Eltern	Maria (gestorben) und Joseph	Maria und Joseph (gestorben)
Sohn	Jesus von Nazareth	Jesus von Bethlehem
physischer Leib	von den Eltern	von den Eltern
Ätherleib	Ätherleib des unschuldigen Teils aus Adam, aus der Mutterloge Manu	Beim Tod nach dem 12. Lebensjahr geht der Ätherleib in die ewige Welt ein.
Astralleib	»Astralleib« des Buddha	
Ich	Ich des Zaratusthra (verläßt Jesus im 30. Jahr, geht in die ewige Welt ein und vereinigt sich dort mit dem Ätherleib des salomonischen Jesus) Im 30. Jahr Inkarnation des Christus-Ich, des Sonnengeistes	

konnten das Göttliche in sich selbst erfahren. So war Jesus Christus auch »der Initiator, der seine Jünger einweihte« (85).

Die Kreuzigung Jesu (86) war eine Mysterieneröffnung, eine Kultushandlung, Pilatus dabei der zelebrierende Priester. Jeder einzelne Zug hatte seine tiefe Bedeutung, ist eine Offenbarung geistiger Gesetze, die in den Einweihungsstätten der alten Welt bekannt waren. Das Christentum gilt nicht nur als Erfüllung der alttestamentlichen Weissagungen, sondern auch als Erfüllung dessen, was die Mysterienkulte (z. B. in Ägypten der Osiris-Kult) vorgebildet hatten. Steiner sagt: »Das Kreuz auf Golgatha ist der in eine Tatsache zusammengezogene Mysterienkult des Altertums« (87). Bei der Kreuzigung »floß vom Kreuz das Blut auf die Erde. Ströme ätherischen Lichtes entbanden sich an ihm und gingen in die ›Aura der Erde‹ über. Damit vollbrachte Christus das große kosmische Liebesopfer. Die Erde empfing die Kommunion« (88). Der physische Leib des Jesus von Nazareth verweste. Die Christuswesenheit trat in den Zustand der Allgegenwärtigkeit und ergoß sich in die Kräftesphäre der Erde. »An Pfingsten geschah dann die Einwohnung des Christus-Ich in den Jünger-Ichen. Fortan lebt der Auferstandene als Kern und Keim in den Seelen der Seinen« (89). Deshalb kann Steiner die Meinung vertreten, selbst wenn es keine Urkunde von Jesus Christus gäbe, »so würde man durch Erkenntnis der Menschennatur erfahren, daß der Christus im Menschen lebt«, denn »es beweist sich das Erdenleben Christi ohne alle geschichtliche Urkunden« (90).

Das Christus-Ereignis verleiht dem Anthroposophen ethische Kraft. Denn »durch das Golgatha-Ereignis kann der Mensch die Kraft finden, die ihn den Absturz in Schuld und Irrung überwinden läßt und ihn zur Erhebung führt ... Der Sündenfall wird durch Christus fruchtbar gemacht zur Steigerung des Guten« (91). Deshalb ruft sich der Anthroposoph immer wieder zu: »Überwinde die Erdsucht, überwinde die Erdflucht, und erwecke in dir durch den Aufblick zum Christus die Kraft zum Sieg über Tod und Teufel!« (92) Die »sogenannte Erbsünde«, das ist die Anlage und die Möglichkeit zur Verfehlung, die durch Luzifer in die Welt gekommen ist, hat der Christus auf sich genommen und getilgt. Nun ist die Möglichkeit eröffnet, daß der Mensch die individuellen, die Einzelsünden tilgen, in Gutes verwandeln und für sein Karma fruchtbar machen kann (93).

Der Christus-Impuls hat aber nicht bloß eine persönliche Bedeutung für den Anthroposophen. Er möchte vielmehr diesen Christus-Impuls hineintragen in die Welt. »Anthroposophie ist in allen Einzelheiten ein Streben nach der Durchchristlichung der Welt.« Und Steiner meint das so: Wir müssen »alles Wissenschaftliche durchchristlichen, müssen das, was wir *in uns heranbilden können* durch unsere Gemeinschaft mit dem Christus ... in all unser Leben hineintragen. Dadurch aber wird das Mysterium von Golgatha erst wirklich furchtbar gemacht durch Menschenkraft und Menschensterben und Menschenliebe unter den Menschen selber« (94).

2.3. Ein unbiblisches Menschenbild und ein anderer Christus

An dieser Stelle sollten wir wieder einhalten, zusammenfassen und prüfen. Es ist ein merkwürdiges Menschenbild und ein verwirrendes Christusbild, das uns in der Anthroposophie vorgestellt wird. Wir sollten uns aber davor hüten, diese Auffassungen nicht für voll zu nehmen oder gar lächerlich zu machen. Aus biblisch-theologischer Sicht möchten wir folgende Bemerkungen machen:

Ein unbiblisches Menschenbild

Es ist offensichtlich, daß Steiners Menschenbild nicht das Menschenbild der Bibel ist. Die Wesensglieder: physischer Leib, Ätherleib, Astralleib und Ich sind nicht biblisches Gedankengut. Sie entsprechen auch niemals dem, was die biblischen Schriften mit Leib und Seele, mit Fleisch oder Geist meinen. Dieses Menschenbild ist andrerseits auch nicht der allgemeinen vernünftigen Beobachtung des menschlichen Verhaltens entsprungen. Äther- oder Bildekräfteleib, Astral- oder Seelenleib – das sind Konstruktionen, die Steiner anderen Quellen entnommen haben muß. Vermutlich haben diese Begriffe eine lange mystische Tradition. Steiner selbst »schildert in seinem ›Lebensgang‹, daß er auf seinem ins Übersinnliche ausgebildeten Erkenntnisweg die bewußte Wahrnehmung der höheren Wesensglieder realiter ›sah‹« (95). Dieses Menschenbild ist also kein Menschenbild der Art, wie es von irgendeiner psychologischen Richtung oder in irgendeiner pädagogischen Konzeption entworfen und vertreten wird, so daß es einem einleuchtend oder widerlegbar erscheint. Das Menschenbild der Anthroposophie ist vielmehr tief von fernöstlicher Religiosität durchdrungen. Es ist bestimmt von pantheistischem Denken und von der Lehre der Wiederverkörperung.

Ähnliches gilt für die von Steiner »geschauten« Entwicklungsgesetze des Menschen. Die verschiedenen Phasen, die darin beschrieben werden, mögen manches für sich haben und sich in manchen Punkten mit der allgemeinen pädagogischen Erfahrung und psychologischen Beobachtung decken. In ihrem quasi-religiösen Geltungsanspruch können sie aber nicht Grundlage einer biblisch-christlichen Erziehung sein. Es ist zu befürchten, daß das Festhalten an diesem starren Entwicklungsschema zu pädagogischen Fehlern und zu erheblichen Nachteilen für die betroffenen Kinder und Jugendlichen führen kann.

Ein anderer Christus

Das Christusbild der Anthroposophie ist meilenweit von dem Jesus entfernt, der in der Bibel gelehrt und in den Bekenntnissen der Kirche seit altersher angebetet wird. Es beruht vollkommen auf jenem merkwürdigen Menschenbild mit seinen verschiedenen Wesensgliedern, und es ist nicht verständlich ohne die Lehre von der Wiederverkörperung. Verschiedene religiöse Anschauungen – das wird im Christus-Impuls Steiners sehr deutlich – werden in der Anthroposophie zu einer einheitlichen Schau verquickt. Elemente aus Hinduismus und Buddhismus, aus ägyptischen und anderen Mysterienreligionen, aus dem Christentum und aus alten christlichen Irrlehren wie der Gnosis, dem Manichäismus und dem Doketismus, aus dem Katharertum und nicht zuletzt aus Geheimlehren wie der des Rosenkreuzes sind in Steiners Anthroposophie zu finden. Große Gestalten sind für sie Christus und Buddha, Zarathustra und Manes, Origines und Valentin Andreä, Fichte, Schleiermacher und vor allem Goethe.

Wer die Bibel als Wort Gottes anerkennt und zur alleinigen Richtschnur seines Glaubens und Lebens hat, kann Jesus und

Buddha, Zarathustra und die Lehre von der Wiederverkörperung nicht zusammenbringen. Freilich sagen die Anthroposophen, daß sie die Evangelien ganz ernst nehmen. Was sie aber tun und was wir in keinem Fall nachvollziehen können, ist dies, daß sie dem, was die Bibel berichtet, tausenderlei Dinge hinzufügen und so das in den Evangelien gezeichnete Jesusbild verfälschen. Um es schließlich ganz deutlich zu sagen: Wer sich dem Christus-Impuls Steiners hingibt, verehrt etwas anderes, als den Jesus Christus, der uns im Neuen Testament bezeugt und offenbart ist.

Ein anderer Erkenntnisweg

Da nach Steiner im Menschen Kräfte schlummern, durch die er aus sich selbst heraus Erkenntnisse höherer Welten erlangen kann, bedarf der Anthroposoph eigentlich keiner Offenbarung von außen.

Steiner bezieht seine Erkenntnisse über Gott, die Welt, den Menschen und über Christus, das liegt auf der Hand, noch aus anderen Offenbarungsquellen als aus der Bibel: etwa aus der Akasha-Chronik (96), aus vorchristlichen Kulten, aus der fernöstlichen Mystik. Wie der Mystizismus allgemein, so denkt nun auch die Anthroposophie im Gefolge Steiners nicht primär in Kategorien eines linearen, unumkehrbaren Geschichtsverständnisses, sondern viel eher in Kategorien des rhythmischen Sich-Entwickelns und Vergehens. Daher sind auch der Christus-Impuls Steiners, das Christusbild der Anthroposophen, wie ihre Glaubensauffassungen im allgemeinen, nicht allein in den heilsgeschichtlichen Fakten, das heißt im Wort der Bibel verankert. So schreibt Steiner einmal: »Das Himmelreich ist nahe herbeigekommen! das heißt, die Erkenntnis der Welt in Begriffen und Ideen ist nahe herbeigekommen. Mit anderen Worten: Der Mensch ist nicht mehr angewiesen auf das alte Hellsehen, sondern er wird von sich aus die Welt erkennen und erforschen« (97). Weil das »Reich Gottes« auf diese Weise sehr ungeschichtlich, ja vielmehr begrifflich und ideell aufgefaßt wird, wird bei Steiner »der Blick vom (heils-)geschichtlichen Geschehen abgezogen und auf den Menschen und sein Inneres gerichtet« (98). Dem Anthroposophen sind alle Erkenntnisse so auch unmittelbar, durch die »Geistesforschung« zugänglich. Man braucht die Bibel, die man freilich gerne benützt und in eigenem Sinn auslegt, nicht unbedingt. Man ist auch nicht angewiesen auf andere geschichtliche Urkunden. »In der Geistesforschung gehen uns zunächst alle diese Urkunden nichts an. Denn selbst wenn durch eine große Katastrophe alle diese Urkunden zugrunde gehen würden, die Geistesforschung hat die Mittel, daß sie dasjenige, was ihnen zugrunde liegt, durch die Geistesforschung selbst finden kann« (Steiner) (99). Demgegenüber hält biblische Lehre an der Geschichtlichkeit der Heilstatsachen und an der Vermittlung wahrer geistlicher Erkenntnis allein durchs Wort der Schrift fest. Es gibt keinen unmittelbaren Zugang zu Gott; der Weg zu Gott ist die Person Jesu Christi, der uns im Wort der Heiligen Schrift geoffenbart ist und der aufgrund dieses Wortes geglaubt und bekannt wird.

Eine andere Erlösung

Ein weiterer, unüberbrückbarer Gegensatz zwischen Anthroposophie und Evangelium bricht am Verständnis des Erlösungswerkes Jesu Christi auf.

Steiner weiß nichts und will nichts wissen vom vollgültigen Versöhnungsopfer Jesu, das uns gerecht macht ohne unser Zutun, allein aus Gnade. Er weiß nichts von der Gerechtigkeit allein durch den Glauben, sondern er bietet einen Heilsweg an, der beruht auf »Menschenkraft« und »Menschenstreben« und »Menschenliebe«. Bewußt lehnt Steiner die Lehre von der Vergebung der individuellen Schuld ab, und das aus pädagogischen Gründen. »Er fürchtet, das Vertrauen auf die Vergebung führe zu einer moralischen Erschlaffung« (100). Gibt es aber keine Vergebung Gottes gegenüber dem Menschen, so gibt es im Grund auch keine Vergebung von Mensch zu Mensch. Alles muß gesühnt werden. Die Anthroposophie ist letztlich eine Religion der Selbsterlösung.

Wenn wir schließlich Steiners Christus-Impuls am Bekenntnis der Kirche messen, müssen wir feststellen: »Die Kirche bekennt von Jesus: Wahrer Gott und wahrer Mensch! Auf diesem Bekenntnis steht Steiner nicht. Er hat sein eigenes Christus-Bild« (101). Deshalb spricht er auch von Christus-Impuls, Christus-Ideal usw. Andere Worte – andere Inhalte! Auch aus diesem Grund müssen wir Friso Melzer zustimmen, wenn er schreibt: »Anthroposophie und Christus-Nachfolge sind verschiedene Wege, haben miteinander wesensmäßig nichts gemeinsam« (102).

2.4. Das Wirken der anthroposophischen Lehrerpersönlichkeit

Menschenbild und Christus-Impuls sind bisher als wichtigste Verbindungsmomente zwischen Anthroposophie und Waldorfpädagogik aufgezeigt worden. Nun ist noch vom Waldorflehrer zu reden, der in der Regel Anthroposoph ist. Er soll danach streben, »daß dasjenige, was wir haben gewinnen können durch die Geisteswissenschaft, lebendige Erziehungstat werde« (Steiner) (103). Deshalb zunächst:

Der Waldorflehrer als Anthroposoph

»Indem der Lehrer Anthroposophie aufnimmt, den Erkenntnisweg beschreitet und sich in die Menschenkunde vertieft, wird er ein anderer als er zuvor war; er wird selbst schöpferisch. Anthroposophie entwickelt seine Beobachtungsfähigkeit, so daß er die feinen Entwicklungsschritte des Kindes zu gewahren beginnt; sie bildet und stärkt auch die Liebekraft zum Kinde« (104). Diese *Erkenntnisarbeit* ist aber nicht als ein rationales oder schematisches Erfassenwollen des Kindes zu denken, sondern so, daß der Lehrer »durch seine Erkenntnisarbeit mit dem Kind innerlich zusammenwächst« (105). Durch bewußte Arbeit an sich selbst wird der Lehrer sich dann so verwandeln, daß er direkt auf das Kind zu wirken vermag durch das, was er ist, und durch das, was er – intuitiv – tut.

Weil jeder anthroposophische Lehrer das Gute und Richtige in sich selber und durch sich selber finden kann, gibt es an Waldorfschulen keine Vorgesetzten. Jede Waldorfschule ist autonom und jeder Lehrer völlig frei. Doch hat die *pädagogische Konferenz* der Lehrer für die Schule die größte Bedeutung: »Ihre Aufgabe ist in erster Linie das gemeinsame Studium der allgemeinen Menschenkunde als Grundlage der Waldorfpädagogik« (106).

Das *abendliche Meditieren* der Menschenkunde R. Steiners ist Hauptbestandteil der Unterrichtsvorbereitung. Der Lehrer nimmt diese Gedanken »mit in den Schlaf, ... seine Erfindungskraft wird angeregt, er erwacht am Morgen, und es fällt ihm ein, was er mit diesem oder jenem Kind zu machen hat; er wird unmittelbar aus dem Geistigen befruchtet, angeregt. Dieser Vorgang ist der Quell der anthroposophischen Pädagogik« (107).

In der täglichen Erziehungsarbeit geht es nicht darum, die Einzelerkenntnisse der anthroposophischen Menschenkunde theoretisch abzuleiten und sie in der Praxis »anzuwenden«, sondern anthroposophische Menschenkunde wird »durch Meditation individuell verwandelt und in der Erzieherpersönlichkeit als einmaliges ... Kunstwerk neu produziert« (108). Im Lehrplan der Freien Waldorfschule heißt es: »Wenn wir Lehrer versuchen, so lehrt uns Dr. Rudolf Steiner, den lebendigen Geist überall zu fühlen, dann werden wir auch die richtige Begeisterung finden, diesen Geist auf unsere Schüler zu übertragen« (109). Wie nun die pädagogische Kraft des Lehrers aus meditativen Quellen gespeist wird, so spielt sich auch das *pädagogische Geschehen* weniger auf der rationalen, sondern vielmehr auf der meditativen, unterbewußten Ebene ab, besonders in den ersten acht Schuljahren. »In mehr oder weniger unterbewußten Empfindungen und Regungen der verschiedensten Art verkehren die Seelen miteinander« (110). Nur der Lehrer ist ein »wirklicher Bildner des werdenden Menschen«, der »untertauchen kann in die Seelen und in die ganze Wesenheit des werdenden Menschen« (111).

Das pädagogische Ethos: Erziehung als Gottesdienst

Die *Haltung des Lehrers* dem Kind gegenüber ist geprägt durch Achtung vor der Individualität des Kindes, durch unsägliche Geduld und durch erstaunliche Opferbereitschaft. Dies hohe Ethos beruht im Tiefsten auf dem Wissen um die Wiederholung der Erdenleben (Reinkarnation) (112). Davon war schon die Rede. Der Lehrer sieht im Kind das Werdende, »er versucht, das höhere Wesen des Kindes ins Auge zu fassen, das sich durch die Hindernisse des Leibes manifestieren will«. Aus diesem Wissen kommt der »Antrieb zu helfen selbst dort, wo es äußerlich sinnlos erscheint« (113). Der Lehrer darf sich zum Bundesgenossen dessen machen, »was da im Innern der Kinderseele aus der geistigen Verbundenheit mit den göttlichen Mächten des Guten den Kampf aufgenommen hat gegen das Schlechte und Finstere ... Mit diesem Vertrauen zu den guten Kräften, die sich doch einmal durcharbeiten werden, ist enge das Abwarten-können verbunden« (114).

Die Vorstellung von Karma und Reinkarnation führt aber weiter dazu, daß der Lehrer in gewisser Weise eine *Erlöserfunktion* gegenüber dem Kind wahrnimmt. Gelingt es ihm nämlich, durch die Erziehung das Gute im Kind zu fördern und zur Entfaltung zu bringen, das Böse in Gutes zu verwandeln, und zwar »aus den Kräften, die er sich durch die Selbsterziehung zu erwerben versucht« (115), so wird ja das Kind als Erwachsener allem Guten aufgeschlossen sein und im nächsten Erdenleben (noch) bessere »Startbedingungen« vorfinden. – Das Wissen um das eherne Gesetz des Karma befähigt den Lehrer zum Beispiel auch dazu, *Strafe,* die das Kind verdient hätte, auf sich zu nehmen. Denn »die geistigen Gesetze der Gerechtigkeit behalten ihre Gültigkeit und erhabene Würde. Die Schuld, die entsteht ... wird ... in vollgültiger Münze bezahlt. Nur daß statt des Kindes der erziehende Erwachsene den Ausgleich auf sich nimmt. Durch das, was er sich zumutet an Erkenntnisarbeit und Erkenntnisschmerzen, an Beschämung und Mühen der Rückschau und überhaupt der Selbsterziehung, tritt er für das Kind ein. Das, was vom Kinde als Leid in der Strafe erlebt werden müßte, wird auch jetzt durchlitten. Aber der Erzieher ... nimmt es stellvertretend auf die eigenen Schultern. Der Gerechtigkeit wird volles Genüge getan« (116). So ist der Lehrer nicht nur »Diener der Weltgerechtigkeit«, sondern »Helfer der dem Menschen sich gnadenvoll zuneigenden göttlichen Liebeskräfte« (117), indem er Strafe stellvertretend auf sich nimmt und die guten Kräfte im Kind zur Entfaltung anregt. Ist es nicht, fragt Steiner, »eine höchste, heilige, religiöse Verpflichtung, das Göttlich-Geistige, das ja in jedem Menschen, der geboren wird, neu erscheint und sich offenbart, in der Erziehung zu pflegen? Ist dieser Erziehungsdienst nicht religiöser Kult in höchstem Sinn des Wortes?« (118). Und er drückt die Erwartung aus: »Der Lehrer muß eigentlich dazu kommen, daß alles Unterrichten für ihn eine sittliche, eine religiöse Tat werde, daß er sozusagen in dem Unterrichten selber eine Art Gottesdienst sehe« (119).

Religiösen Charakter hat die Erziehung nicht nur in bezug auf das Kind, das der Lehrer unterrichtet, sondern auch im Blick auf den Lehrer selbst. Denn dieser weiß um »die karmische Zusammengehörigkeit« gerade mit diesen seinen Schülern. Es gilt für den Lehrer, an diesen Kindern begangene Fehler aus früheren Erdenleben auszugleichen.

Steiner sagte einmal zu Lehrern: »Der richtige Lehrer für diese Kinder werden Sie dadurch, daß Sie in früheren Zeiten einmal Antipathien diesen Kindern gegenüber entwickelt haben, und davon befreien Sie sich, indem Sie jetzt den Verstand dieser Kinder erziehen« (120).

Ein anderer Aspekt der anthroposophischen Opferbereitschaft ist das Wissen um das »vielfach zu beobachtende Gesetz, daß Geistiges sich im Leben nur dann realisieren kann, daß Opfer gebracht werden ... Manch einer bringt das Opfer seiner künstlerischen oder wissenschaftlichen Laufbahn und unterrichtet kleine Kinder. Erstaunlich, was aus diesen umgewandelten Kräften pädagogisch fruchtbar wird« (121). Anthroposophische Erziehung wird so zu einem »Altardienst neuer Ordnung« (122), der Lehrer aber gewissermaßen zum Mit-Erlöser des Kindes.

3. Zum Unterricht in der Waldorf-schule

3.1. Einige Merkmale des Waldorfschul-Unterrichts

Zuerst sollten wir uns noch einmal vergegenwärtigen, daß alles, was in einer Waldorfschule geschieht, bestimmt wird von der Anthroposophie. Alle methodischen Maßnahmen, alle didaktischen Überlegungen, alle Inhalte des Unterrichts, ja auch die bauliche Gestaltung, die Ausstattung der Schule und der Zimmer »entstammen in ihrer menschenkundlichen Begründung übersinnlichen Forschungsergebnissen und werden gepflegt, sowohl um der harmonischen Inkarnation des einzelnen Kindes willen, wie auch um Ausgleichkräfte zu erzeugen gegen die einseitig wirkenden Kulturschäden« (123). Deshalb muß auch der Unterricht den ganzen Menschen in allen seinen Wesensgliedern ansprechen. Da der Waldorflehrer »weiß«, daß die Schulkinder von 7 bis 14 Jahren im Blick auf ihren Ätherleib, d. h. im Blick auf ihr Gefühl und ihr Gedächtnis, erzogen und gebildet werden müssen, ergeben sich für dieses Alter wichtige Schlußfolgerungen.

Es gilt z. B., ins Bewußtsein heraufzuholen, was sonst gewohnheitsmäßig im Leben vor sich geht (124). So schlägt Steiner etwa vor, Schulanfänger lange ihre Hände betrachten und überlegen zu lassen, was diese alles tun können. Man solle ferner einfache Linien zeichnen lassen und im Kind dadurch ein Gefühl für sein Tun wecken, daß man es immer wieder sagen läßt, was es tut. Man solle ein Gefühl für Töne, für Farben wecken, man solle die Sprache vom Unbewußten ins Bewußte heben. Das Kind lebt sich dann so in eine Gefühlswelt hinein, die wiederum Ansporn wird zur Willensbildung; denn der Ätherleib durchdringt den physischen Leib, der den Willen trägt, aber in diesem Alter nicht mehr direkt beeinflußt werden kann. Daher also ein starkes, *meditatives Element* im Unterricht der Waldorfschule.

Immer wieder wird von seiten der Waldorfpädagogik davor gewarnt, den Unterricht vor dem 14. Lebensjahr zu intellektualisieren und verfrüht Unangemessenes einzubringen (z. B. ist man gegen das frühe Lesen). Und doch werden in der Waldorfschule den Kindern oft Inhalte zugemutet, die diese um keinen Preis *rational verstehen* können, die aber gemäß der anthroposophischen Menschenkunde zu diesem bestimmten Zeitpunkt der Entwicklung gebracht werden müssen. Sie müssen deshalb nicht so sehr erklärt, sondern »in die Kinderseele hineingeträufelt« (Steiner) werden. Man sagt: Es macht nichts, wenn das Kind derzeit nicht alles versteht. Es muß ausreifen. Das Aufgenommene wird eine Zeitlang im Untergrund getragen und dann wieder heraufgeholt. Es wirkt auf den noch ungeborenen Astralleib. »Das Kind muß nicht von Ohr zu Ohr, sondern von Seele zu Seele verstehen« (Steiner) (125).

Das gängige wissenschaftliche Denken, die Betonung des Intellekts erfährt, wie in Abschnitt 1.4. gezeigt, eine gewisse negative Bewertung. Das Rationale wird als etwas Ertötendes angesehen. Der Kopf ist der »Todespol« des Leibes. Rationale Begriffe und Erklärungen müssen, so heißt es, den Kindern zwar mitgegeben werden, weil es allgemein erwartet wird. »Aber wir können (sagt Steiner) damit, daß wir auf das Unterbewußte wirken, schöne Begriffe im Kind erwecken. Geben Sie dem Kinde nicht Wortdefinitionen, sondern bringen Sie Beziehungen zwischen den Begriffen und Erscheinungen« (126). Von unschätzbarem Wert ist dabei die Kunst.

»Die Künste sind das Lebenselement der Waldorfschule« (127). Der ganze Unterricht der ersten acht Klassen wird künstlerisch durchdrungen und künstlerisch gestaltet. Das Kind hat ja noch keinen Astralleib, mit dessen Geburt der Mensch erst befähigt wird zu urteilen und rational zu denken. »Gelerntes kann noch nicht in seiner gedanklichen Form pädagogisch verwendet werden. Es muß zuvor künstlerisch umgesetzt, ins lebendige Bild gebracht werden« (128). Die Welt erscheint im Unterricht dieser Altersstufe als »in lebendige Seelenbilder hineinverzauberte Wahrheit« (129). Das *Bild* wird zum wichtigsten Bildungsmittel des erziehenden Lehrers in den ersten acht Klassen. »Im ersten Drittel hat das Bild mythische Kraft (Erzähl- und Lesestoff: Märchen, Legenden, Mythologien), im zweiten ergreift das Bild die wahrgenommene Wirklichkeit (erste Naturkunde), im dritten nimmt es die Beziehung zum Begriff auf (bis hin zum Naturgesetz)« (130). In diesem Alter geht es darum, auf das Fühlen und das damit verbundene

Gedächtnis zu wirken. Steiner empfiehlt in einem Vortrag vor Lehrern: »Während alles dasjenige, was sich ... auf Arithmetik, Rechnen, Geometrie bezieht, mitten drin steht zwischen Denkerischem und Gefühlsmäßigem, wirkt auf das Gefühlsmäßige alles dasjenige, was durch das Gedächtnis aufzunehmen ist. Also alles dasjenige, was zum Beispiel als Geschichtsunterricht zu erteilen ist, was als Unterricht zu erteilen ist in der Mitteilung der Fabelwelt und so weiter« (131). Die Waldorfschule scheint also in dieser Altersstufe überwiegend eine »Lernschule« zu sein.

Nach der Pubertät, wenn sich das Denken und Urteilen, »das Äußerlichste am Menschen« (Steiner), entwickelt, sollen nach Steiners Vorstellungen neue Inhalte hinzukommen. »Zu lehren wird sein auf der Altersstufe vom fünfzehnten bis zwanzigsten Jahre, aber in vernünftiger ökonomischer Weise, alles dasjenige, was sich auf die Behandlung des Ackerbaues, des Gewerbes, der Industrie, des Handels bezieht ... Diese Dinge werden aufgebaut werden müssen als Disziplinen, die unendlich viel notwendiger sind als vieles Zeug, das jetzt den Unterricht dieser Lebensjahre ausfüllt. Dann werden in diesem Lebensalter aufzutreten haben alle diejenigen Dinge, die ich jetzt nennen möchte Weltanschauungssache. Dazu wird gehören vor allen Dingen Geschichtliches und Geographisches, alles dasjenige, was sich auf Naturerkenntnis bezieht, aber immer mit Bezug auf den Menschen, so daß der Mensch den Menschen aus dem Weltall heraus kennenlernen wird« (132).

Bemerkenswert erscheint beim methodischen Vorgehen des Waldorflehrers im Unterricht, namentlich in den Sachfächern, daß bis hinein in die Klassen, die der gymnasialen Oberstufe entsprechen, weitgehend *ohne Lehrbuch* unterrichtet wird (Ausnahmen z. B. Fremdsprachen, Deutsch-Lektüren). Es dominiert der freie Lehrervortrag. Die Schüler machen sich Notizen und legen ein Heft an. Sie sollen das Gehörte verarbeiten und wiedergeben können. Der Lehrer ist somit die einzige Informationsquelle für die Schüler. Sie können die Inhalte nicht ohne weiteres in einem wissenschaftlichen Lehrbuch nachlesen und nachprüfen. Sie lernen so auch kaum, sich selbständig anhand informierender Texte Wissen anzueignen.

Biblische Geschichten des Alten Testaments – das interessiert vielleicht im besonderen – sind Lese- und Erzählstoff im *Haupt*unterricht der 3. Klasse (133). Das ist beachtlich. Wir fragen nach den Gründen. Die Anthroposophie meint: »Die Erziehung des Menschengeschlechts wiederholt sich in Kürze in jeder reifen Individualität.« In diesem Alter der 3. Klasse nimmt das Kind »seinen Weg gleichsam vom Griechentum zum Hebräertum«. Zuerst ist das Märchen die dem Kind entsprechende Wahrheit. »Das Erleben der Fabeln stellt dann die erste *bewußte*, zartpersönliche Beziehung zwischen dem Kind und seiner Umwelt her«, dann anschließend »beginnt allmählich sein persönliches Seelenleben sich in sich selbst abzuschließen. Und es entsteht endlich jenes Bewußtsein seiner selbst.« Dieser Entwicklungsvorgang entspricht, nach Auffassung der Waldorfpädagogik, der Geburt des Hebräertums. Deshalb werden die Geschichten des Alten Testaments zusammen mit jüdischen Legenden gerade zu dieser Zeit erzählt und gelesen. Diese symbolische, entwicklungsmäßige Bedeutung »muß beim Erzählen neben der moralischen Wertung wirksam werden.« – Wir sehen: Hinter dem Lesen biblischer Geschichten im Deutschunterricht steht eine bestimmte Geschichtsphilosophie, ein bestimmtes Menschenbild und ein bestimmtes Vorverständnis der Bibel. Die Bibel steht deshalb in einer Reihe, gleichberechtigt, neben Märchen und Fabel, neben Mythos und Sage. Die Texte werden unter einer bestimmten, nämlich anthroposophisch bestimmten Fragestellung und in entsprechender Absicht erzählt oder gelesen.

3.2. Das Ziel des Unterrichts

Ursprung und Ziel der Waldorfschule ist ein »freies Geistesleben« (134). Was das konkret und inhaltlich bedeutet, wird allerdings oft nur angedeutet. Dabei wäre gerade dies zu wissen von großem Interesse. Mehr beiläufig lassen sich Zielangaben wie etwa die folgenden finden:

Der junge Mensch soll »unabhängig geworden sein vom Leib in Bezug auf Denken, Fühlen und Wollen« (135). Er soll »in die Welt hineingestellt werden, daß er – als ideales Ziel – befähigt werde, durch Überwindung seiner hemmenden Hüllen sich zum Organ des Weltenwillens zu läutern. Es darf gesagt werden: Erziehungskunst im Sinne Rudolf Steiners möchte den Menschen so in die Freiheit führen, daß etwas in ihm aufleuchte von dem Paulus-

Wort: Nicht ich – Christus in mir« (136). Das Kind soll zum Idealismus hingeführt werden, aber nicht »brutal« und »direkt«, sondern indem man »das, was vom Kinde gelernt wird, mehr in die Linie des praktischen Lebens hineinführt« (Steiner) (137). Das Kind erfährt im Unterricht »ein lebendiges, aktives, menschlich erfülltes ›Verhältnis zur Welt‹. Es übernimmt dieses Verhältnis zur Welt und verfügt damit über eine Begabung, deren sich der Erwachsene später in Freiheit bedienen kann« (138). Es soll »der göttliche Geist den Kindern in jedem Unterrichtsgegenstand« erscheinen (139).

Man erstrebt ausdrücklich nicht, daß die Schüler zu Anthroposophen werden (140); dieser Weg ist ja nur dem Erwachsenen möglich. Aber das Kind soll, wie es eben gesagt wurde, das Verhältnis zur Welt, das der Lehrer aufgrund seiner anthroposophischen Weltanschauung hat, nachvollziehen und übernehmen. Es ist »die bewußte Absicht der Waldorfschule, ihren Schülern eine ›Welt-Anschauung‹ zu vermitteln. Ihre Lehrer sehen sich vor die Aufgabe gestellt, den Kindern Begriffe mitzugeben, die gleichsam mitwachsen und die freie Geistesentwicklung der späteren Jahre nicht einschnüren« (141).

So geht die Anthroposophie nicht nur in die Methoden, sondern auch deutlich in die Inhalte des Unterrichts ein, wie ich mich durch eigenen Augenschein überzeugt habe. Im Geschichtsunterricht einer 9. oder 10. Klasse zum Beispiel werden die vorchristlichen Kulturen und Religionen der Reihe nach dargestellt, darunter auch das Judentum, nun aber nicht in wissenschaftlich haltbarer Manier, wie wir es erwarten würden, sondern in der Interpretation Steiners. Der Schüler aber faßt es als objektive, zuverlässige Information auf. Im Biologieunterricht einer Klasse der gleichen Altersstufe wird in »Anthropologie« der Mensch eindeutig nach den biologischen und menschenkundlichen Erkenntnissen Steiners dem Schüler nahegebracht. Das jedenfalls geht aus dem sorgfältig angelegten Epochenheft hervor.

Im »Lehrplan der freien Waldorfschule«, der freilich nicht in der gleichen Art und Weise verbindlich ist wie staatliche Lehrpläne, wird am Beispiel des Faches Naturkunde bzw. Naturgeschichte besonders deutlich, wie anthroposophische Auffassungen in den Lehrstoff eingehen. Es heißt dort (142):

»Wenn der Schüler entlassen wird, soll er ein Bild des Menschen mit sich nehmen, das ihm den Menschen als Zusammenfassung der Naturreiche, als Mikrokosmos zeigt. Die völlige Verschiedenheit der Organsysteme in der Funktion und das harmonische Zusammenwirken dieser verschiedenen Systeme soll ihm klar sein. Krankheit und Gesundheit in ihrem Zusammenhang mit dem Physisch-Leiblichen und dem Seelisch-Geistigen hat er kennengelernt. Man bespricht nun, da er durch seine eigene Entwicklung dafür reif geworden ist, die Mechanik der Knochen und Muskeln, den inneren Bau des Auges, d. h. das am Menschen, was sich mit mechanischen und physikalischen Vorstellungen begreifen läßt« (8. Klasse).

»Die Zellenlehre wird so dargestellt, daß überall die großen kosmischen Verhältnisse, die sich auch im kleinsten spiegeln, berücksichtigt werden. In den Zellteilungen zum Beispiel wiederholt der Organismus kosmologische Urtatsachen. In der Botanik wird vor allem Wert darauf gelegt, die Pflanze im Zusammenhang mit dem Erdboden, in dem sie wächst, und mit den Wirkungen des ganzen Kosmos auf sie zu verstehen« (11. Klasse).

»Das Tierreich wird in seinen wichtigsten Vertretern beschrieben und als eine Auseinanderfaltung der einzelnen Organsysteme des Menschen zu den einzelnen Organisationen der Tiergruppen verständlich gemacht. Jedes Tier erscheint als ein verselbständigtes Organ oder Organglied des Menschen, die Tierwelt als der in seine Teile zerspaltene Mensch. So kann zuletzt, am Ende der Schule, wissenschaftlich eingesehen werden, was am Anfang der Schule etwa in Tierfabeln und einfachem zoologischen Unterricht wie bildhaft an das Kind herantrat. Zugleich wird versucht, alle Gebiete der Naturkunde zu einem großen Ganzen mit der Menschenkunde, die als Leitfaden durch allen Unterricht geht, zusammen zu schauen« (12. Klasse).

Auch in den Angaben zum Geschichts-, zum Geographie- oder auch zum Kunstunterricht macht sich die anthroposophische Färbung der Unterrichtsinhalte deutlich bemerkbar.

Merkwürdig muten, bei Durchsicht von Schülerheften, die Worte an, die den Unterrichtseinheiten als Motto (um nicht zu sagen als Zauberspruch oder Beschwörungsformel) vorangestellt oder als Abschluß gesetzt werden. In einem Biologieheft der 10. oder 11. Klasse fanden sich zum Beispiel folgende Reime:

Hab Achtung vor dem Menschenbild
Und denke, daß, wie auch verborgen,
Darin für irgend einen Morgen
Der Keim zu allem Höchsten schwillt. Hebbel.

Und: Wär nicht das Auge sonnenhaft,
Wie könnten wir das Licht erblicken?
Lebt nicht in uns des Gottes eigne Kraft,
Wie könnt uns Göttliches entzücken?

Oder aus dem Deutschheft eines Neunjährigen:
Erst wenn ich Lichtes denke,
Leuchtet meine Seele.
Erst wenn meine Seele leuchtet,
Ist die Erde ein Stern.
Erst wenn die Erde ein Stern ist,
Bin ich wahrhaft Mensch.

Auch in den Zeugnissen, die ja nicht in Ziffern, sondern als längere schriftliche Beurteilungen gegeben werden, erscheinen regelmäßig Sinnsprüche, die sich direkt an das Kind wenden. So z. B. fand sich im Zeugnis eines Achtjährigen folgendes Gedicht über den Erzengel Michael, der in der Anthroposophie eine besondere Rolle spielt:

Tief im finstern Grund
Speit der Höllendrachen
Gift aus seinem Schlund.
Doch aus Himmelhöhen
Eilt Sankt Michael.
Herrlich anzusehen,
Schwingt das Schwert er hell.
Und den Drachen er bezwingt,
Wo ein Mensch um Gutes ringt.

Der Unterricht in der Waldorfschule und die Steinersche Anthroposophie lassen sich, das sollte in diesem Abschnitt gezeigt werden, nicht voneinander trennen. Das Kind, das die Waldorfschule besucht, wird intensiv mit der Natursicht und mit dem Menschenbild Steiners, mit seiner Geschichtsschau und mit seiner Bibelinterpretation, also mit weiten Teilen der »Geisteswissenschaften« (nämlich der anthroposophischen Gedankenwelt) überhaupt, bekannt gemacht. Wir wagen zu sagen: Welt, Natur und Mensch werden im Waldorfschul-Unterricht so dargestellt, daß dem aufgeschlossenen Kind die anthroposophisch geprägte Auffassung seines Lehrers als die wahre Auffassung erscheinen wird. Die anthroposophischen Methoden aber, nach denen das Kind unterrichtet wird, dazu die besondere Gestaltung der Räume und des ganzen Schullebens wirken zweifellos auf das Unterbewußte des Kindes nachhaltig und maßgeblich ein. Auch wenn es nicht den »normalen«, »unkonfessionellen«, den sogenannten »freien christlichen Religionsunterricht«, den der anthroposophische Klassenlehrer erteilt, besucht, sondern am konfessionellen Religionsunterricht, der von den Kirchen verantwortet wird, teilnimmt, kommt es mit Anthroposophie täglich in Berührung. Es wird zwar nicht im Fach »Anthroposophie« unterrichtet, aber es wird anthroposophisch erzogen und anthroposophisch unterrichtet. Denn Unterricht und Erziehung in der Waldorfschule sind als Ganzes gelebte Anthroposophie. Es wird zwar immer wieder gesagt, daß der Zugang zur Anthroposophie prinzipiell nur dem Erwachsenen möglich ist. Was aber in der Waldorfschule zweifellos angestrebt wird, ist, das Kind und den Jugendlichen so zu erziehen und zu unterrichten, daß ihm der Zugang zu einem »freien Geistesleben«, d. h. zur Anthroposophie, nicht verbaut wird. Das Kind wird durch das Aufnehmen anthroposophischer Begriffe und Vorstellungen, durch das Erleben anthroposophischer Methoden, durch das Mitvollziehen anthroposophischer Praktiken (Eurythmie) und durch das Gestalten anthroposophischer Kunst für diese Weltanschauung und Religion vorbereitet und geöffnet.

3.3. Was ist Eurythmie?

Um es zuerst einmal kurz zu sagen: Eurythmie ist für den »unbelasteten« Betrachter ein Tanz, zu dem gesprochen oder musiziert wird. Eurythmie will – als eine neuartige Kunstform – Sprache und Musik durch die Bewegung des menschlichen Körpers im Raum zum Ausdruck bringen. Sie wurde von Rudolf Steiner selbst entwickelt und ist heute, da ihr große pädagogische Bedeutung beigemessen wird, das Herzstück der Waldorfschule. Eurythmie ist

Pflichtfach in allen Altersstufen. Für einen Außenstehenden ist es aber schwer, das Wesen der Eurythmie voll zu erfassen und zu verstehen.

Eurythmie geht davon aus, daß im Kosmos ein bestimmtes rhythmisches Gefüge (als Beispiele: Tag und Nacht, Jahreszeiten) und bestimmte ideale Formen (als Beispiele: Buchstaben und Laute) als unsichtbare Wirklichkeiten vorhanden sind, mit denen der Mensch eigentlich verbunden und mit allen seinen Wesensgliedern in Gleichklang sein sollte (143). Unsere »verkopfte« Zivilisation hat den Menschen aber aus dieser Harmonie verdrängt, die einst in den vorchristlichen religiösen Kulten bewahrt worden ist. Diesen Gleichklang des Menschen mit den Rhythmen des Kosmos herzustellen, ist (wenn ich es recht verstanden habe) Ziel der Eurythmie.

Steiner sagt: »Was im Menschen leben muß, muß das Verwachsensein mit den Formen selbst sein... Der Mensch wird in die Welt so hineingeboren, daß er seine Leiblichkeit in musikalischen Rhythmus... mit der Welt bringen will.« Am meisten ist diese Fähigkeit im 3. bis 4. Lebensjahr des Kindes vorhanden, dann verliert sie sich allmählich. In dieser Zeit würde durch Eurythmie »ein rechtes Ichgefühl hineinstoßen in sein Wesen« (144).

Eurythmie machen heißt, »immer wieder das Herz in den Kopf hinaufsteigen lassen«, »immer wieder und wieder eine Bewegung machen und immer wieder nach innen lauschen und horchen, denn immer mehr und Tieferes können diese Bewegungen dem Übenden sagen. Reines Kopfwissen nützt dabei gar nichts; zuerst muß das Herz ahnen und erkennen, dann kann und soll es auch heraufsteigen in den Kopf und dort zu klarem Bewußtsein kommen« (145). In der Eurythmie offenbart der Mensch sein innerstes Wesen vor anderen und beobachtet sich selbst dabei (146).

So ist Eurythmie nicht verstehbar ohne das anthroposophische Menschenbild. »Eurythmie bildet den Körper mit den in ihm veranlagten Bewegungsmöglichkeiten zu einem Instrument, auf welchem die innere höhere Wesenheit des Menschen, seine lebendige Seele, ihre Impulse zur Geltung bringt, wie sie durch das Mittel der Sprache ihre Intentionen auszudrücken vermag« (147).

Sprache und Dichtkunst, Klang und Rhythmus der Musik, zeichnerische und plastische Kunst in der Gestaltung des Raumes sind in die Eurythmie einbezogen.

»Eurythmie ist sichtbare Sprache« (148). Jeder Buchstaben-Laut, jedes Wort wird in einer eigenen Körperhaltung oder Körperbewegung dargestellt, aus dem Inneren des Leibes heraus erfühlt. Im Vollzug muß man sich selbst beobachten. Wohltuend wirkt das Ganze auf den Menschen zurück. Beruhigende Wirkungen können gerade auch auf das kindliche Seelenleben von der Eurythmie ausgehen (149). Aber Eurythmie will ja mehr erreichen als nur motorische oder psychische Beruhigung.

Eurythmie hat einen tief religiösen Hintergrund. Durch diese neuartige Tanzkunst sollen vorchristliche Mysterientänze aufgegriffen und weiterentwickelt werden, so daß der moderne Mensch, wie einst der antike Tänzer, Kontakt mit überirdischen Wirklichkeiten bekommt. Ein Eurythmielehrer beschreibt diesen geistesgeschichtlichen Zusammenhang der Eurythmie so:

»Der ›Tanz‹, der innerhalb der anthroposophischen Bewegung entstand, deren geisteswissenschaftliche Forschung alte Mysterienweisheit aufdeckt, wiederbelebt und weiterführen will, konnte nicht ein Tanz in gewöhnlichem Sinne sein. Rudolf Steiner sprach selbst im Zusammenhang mit der Eurythmie über eine ›Erneuerung der alten Tempel-Tanzkunst‹. Eine Beziehung des Menschen zum Kosmos sollte hier – wie es in alten Mysterien auch getan wurde – hergestellt werden. So entstanden z. B. Kreistänze, die in ihren Bewegungen in Zusammenhang mit den Planetenbewegungen stehen und Gebärden, die Wirkungen der Tierkreiszeichen darstellen … Wie der ernsthaft tanzende Mensch zu allen Zeiten mit seinem Tanz eine Beziehung zur übersinnlichen Welt herstellen wollte, so liegt auch der eurythmischen Betätigung ein solches Bestreben zugrunde« (150).

Wie ist nun die Eurythmie zu beurteilen? Zunächst ist zu sagen: Eurythmie ist gewissermaßen »getanzte Meditation«, ein meditatives Einswerden des seelischen und physischen Menschen mit den Rhythmen und Formen des Kosmos. Man soll dabei »den eigenen, sehr weisen Kopf ein bißchen ausschalten und dafür der wesenhaften Kraft des Lautes zu seiner Eigenwirksamkeit verhelfen« (151). Dann aber müssen wir zweitens feststellen: Eurythmie ist im Grunde ein sehr religiöser Akt. Ausdrücklich werden, wie schon gezeigt, Parallelen zu heidnischen Mysterientänzen, z. B. auch zu dionysischen Tempeltänzen, gezogen, deren Regeln aber nicht verraten werden durften, sondern nur »Eingeweihten« mitgeteilt wurden (152). Eurythmie ist für den Anthroposophen der »Schlüssel« zum »Wiederaufstieg« in die »oberen Himmel« (153). Bei Kindern bewirkt nach Steiner Eurythmie das gleiche, was bei Erwachsenen ein »Einweihungsritus« bedeutet (154).

Durch Eurythmie will also der Mensch aus eigener Kraft letztendlich genau das erreichen, was nach biblischer Lehre allein durch das Werk und Verdienst Christi dem Glaubenden aus freier Gnade geschenkt wird. Auch wenn Eurythmie im schulischen Bereich wahrscheinlich nicht in vollem Umfang und in allen mystisch-religiösen Bezügen praktiziert wird, ist es für Eltern, die ihr Leben und auch ihre Erziehung an biblischem Glauben orientieren, äußerst problematisch, ihre Kinder an dieser Art von Tanz teilnehmen zu lassen.

4. Wie sind Waldorfpädagogik und christlich-biblische Erziehung in Einklang zu bringen?

Der augenblickliche Aufschwung der Waldorfschulen ist beachtlich. In der Öffentlichkeit wird die Waldorfpädagogik mehr und mehr akzeptiert und respektiert. In der Tat konnten die Waldorfschulen im Vergleich zum öffentlichen Schulwesen, wie eingangs schon erwähnt, bemerkenswerte Pluspunkte sammeln: kein Leistungsdruck, daher angstfreies Lernen, musisch und künstlerisch betonte Erziehung, Eingehen auf das einzelne Kind, Bemühen um Schwache, hohes Engagement der Lehrerschaft. Betrachten wir einige dieser Pluspunkte näher, so können wir allerdings auch Schattenseiten an diesen Pluspunkten entdecken:

Wer lernt und arbeitet eigentlich ohne jeden Leistungsdruck? Ist das nicht eine irreale Einschätzung des Menschen und der gesellschaftlichen Situation?

Ist das musisch-künstlerische Element nicht so dominierend, daß das intellektuelle Lernen zu kurz kommt?

Verstreicht in den ersten acht Schuljahren nicht gerade die beste Zeit, in der sich das Kind leicht Kenntnisse und Fertigkeiten erwerben könnte, die es sich später nicht mehr oder nur mit viel größerem Aufwand aneignen kann?

Ist das Eingehen auf das Kind nicht viel zu zwanghaft an den »menschenkundlichen Erkenntnissen« Steiners orientiert, so daß das einzelne Kind in ein wirklichkeitsfremdes Schema gepreßt wird, das ihm kaum gerecht wird?

Entsteht in den Waldorfschulen nicht ein Schonraum, den es so sonst nirgends gibt, so daß bei den Kindern als Folge eine gewisse Einschränkung der alltäglichen Lebenstüchtigkeit befürchtet werden muß?

Eine Reihe weiterer typischer Merkmale des Waldorfschul-Unterrichts sind freilich im bisherigen kaum oder gar nicht berührt worden: der Tagesrhythmus, der Epochenunterricht, der Handarbeits- und Handwerksunterricht, die Gewichtung und die Methodik der traditionellen Schulfächer, der pädagogische Stellenwert der vier Temperamente, das Klassenlehrerprinzip, die starke Beteiligung der Eltern am Schulleben, die zahlreichen Schulfeste und Monatsfeiern (155). Diese mehr äußerlichen Einzelheiten, die selbstverständlich auch irgendwie in anthroposophischen Anschauungen begründet sind, gelten uns nicht als die entscheidenden Kriterien, nach denen Waldorfschule und Waldorfpädagogik aus christlich-biblischer Sicht zu beurteilen sind. Wenn man vom weltanschaulichen Hintergrund absehen könnte, wären es nämlich viel eher nur Gesichtspunkte der Zweckmäßigkeit und des pädagogischen Ermessens, unter denen man diese Neuerungen und Impulse der Waldorfpädagogik, wie auch die eben aufgezählten Vor- und Nachteile der Waldorfschule gewichten und werten müßte.

Da es aber offensichtlich um mehr geht als um Fragen der pädagogischen Zweckmäßigkeit, müssen wir versuchen, eine Antwort zu finden, die auch der geistlichen Dimension des Problems gerecht wird. Deshalb sollten wir uns zuvor darüber klar werden, was das eigentliche Ziel einer christlich-biblischen Erziehung ist.

Wozu erziehen wir als christliche Eltern unsere Kinder? Was ist der oberste Gesichtspunkt unseres erzieherischen Tuns und Lassens, unserer pädagogischen Entscheidungen? Wir möchten unsere Kinder sicherlich zu einem glücklichen Leben in dieser Welt befähigen, wir möchten sie zu harmonischen Persönlichkeiten heranbilden, zu Tüchtigkeit und Erfolg in Beruf und Gesellschaft verhelfen. Vielleicht steht unsere Erziehung manchmal auch unter dem weniger überzeugenden Motto: Die Kinder sollen es schöner und besser haben als wir! Aber – ist das alles?

Kürzlich erklärte der bekannte deutsch-amerikanische Psychologe Tobias Brocher in einem Interview etwa folgendes: Die Kinder der Christen in den USA wüchsen unter ganz anderen Verhältnissen und Bedingungen auf als die Kinder der übrigen Eltern. In jenen christlichen Familien gebe es ein ganz anderes Klima der emotionalen Zuverlässigkeit und des gegenseitigen Vertrauens. Die Christen hätten in der Orientierungslosigkeit der heutigen Zeit ein Urvertrauen entwickelt, das ihnen Sinn und Ziel und Halt im Leben gibt, nämlich das Vertrauen zu ihrem Gott. Diese Sätze sind umso bemerkenswerter, als Brocher jener Form eines biblisch verpflichteten Christentums ziemlich fern steht. Selbst Außenstehende erkennen und anerkennen also dies: Was im Leben – und im Sterben – Hilfe und Halt, Orientierung, Ziel und Hoffnung geben kann, ist der Glaube an den unendlichen, persönlichen Gott der

Bibel, der sich in der Person Jesus Christus in einzigartiger Weise geoffenbart hat. Wer nun den beglückenden Weg des Glaubens geht, der hat, weil er ein Ziel für sein eigenes Leben hat, auch ein Ziel in der Erziehung seiner Kinder. Dieses Ziel einer christlichen Erziehung liegt freilich nicht im Menschen selber, es liegt außerhalb der menschlichen Natur, es ist in Gott begründet. Wer also sein persönliches Leben zielhaft unter Gott stellt und sich an ihm und seinem Wort ausrichtet, der wird in der Erziehung das Ziel haben, daß die Kinder, die er erzieht, auch in diese beglückende heilsame Beziehung zum lebendigen Gott eintreten. Dies wird ihm das höchste Ziel, das größte Anliegen sein. Und diesem obersten Ziel müssen sich alle anderen Ziele und Absichten unterordnen. Nichts, was wir erzieherisch tun oder lassen, soll im Widerspruch zu diesem Ziel stehen. Die Glaubenserziehung ist in diesem Sinn die wichtigste Aufgabe einer christlichen Erziehung.

Was will nun, im Vergleich dazu, der Unterricht in der Waldorfschule erreichen?

Anthroposophie und Waldorfpädagogik hängen, wie im 2. und 3. Teil aufgezeigt wurde, aufs engste miteinander zusammen. Die Weltanschauung Steiners, die tief von fernöstlicher Religiosität durchdrungen, gleichzeitig aber in ein modernes »westliches« Gewand gekleidet ist, bestimmt bis in alle Einzelheiten, was in einer Waldorfschule geschieht, freilich nicht irgendwie uniformierend, sondern in freier und doch eindeutiger Weise. Daß die Waldorfschule keine »Weltanschauungsschule« sein will, daß sie ihre Schüler nicht zu Anthroposophen machen will – diese Zusicherungen muß man akzeptieren, allerdings in dem Wissen, daß Anthroposophie überhaupt erst etwas für den erwachsenen Menschen ist. Es wäre verfehlt, wollte man den Lehrern pauschal mehr oder weniger offene Missionsbestrebungen vorwerfen. »Der Lehrer braucht die Anthroposophie nicht, um sie im Unterricht unmittelbar darzulegen, sondern für seine eigene Ausbildung ... Die Aufgabe des Lehrers ist es, das ›Ich‹ des Schülers nicht anzutasten, aber dazu beizutragen, daß das Instrument (des Körpers und der Seele) so gebildet werde, daß die Individualität (des Geistes) einmal frei darin schalten und walten kann« (156). Der Lehrer hat zwar den

Unterrichtsstoff, die Lebensgewohnheiten und das Klassenleben zu formen, »keineswegs aber das innerste Wesen des Kindes«, er kann das gar nicht, denn »das ›Ich‹, die Individualität des Menschen kommt aus übersinnlichen Welten« (157). Der »Respekt vor der menschlichen Individualität« verlangt nicht, »die Schüler in der einen oder anderen Richtung auf einen bestimmten Weg zu bringen, sondern ihnen dieses Material zur Verfügung zu stellen, das sie befähigt, selbst Stellung zu nehmen« (158). Der Lehrer möchte ihnen solche Begriffe mitgeben, die einer Entwicklung zu einem späteren »freien Geistesleben« nicht hinderlich, sondern von Vorteil sind.

Was heißt das aber: »Material zur Verfügung stellen, das sie befähigt, selbst Stellung zu nehmen«, oder »Begriffe mitgeben, die eine freie Geistesentwicklung nicht einschnüren« (159)? Was bedeutet dies: alles dazu beitragen, »daß der Geist frei schalten und walten kann«, oder »alle Wissensgebiete der Welt« dazu verwenden, »den jungen Menschen zu sagen, wie Geist in ihnen wirkt« (160)? Etwas anders ausgedrückt heißt das etwa: alle Vorbereitungen dazu treffen, daß der junge Mensch später einmal zu einem »freien Geistesleben« findet, zu dem das ›Ich‹ aus eigener Kraft vordringt, so daß der Geist in Körper und Seele frei schalten und walten kann. Ein »freies Geistesleben« – das bedeutet aber soviel wie ein Leben aus den Quellen der Anthroposophie.

Anthroposophie wird zwar nicht direkt im Unterricht dargelegt, sie geht aber indirekt in den Unterricht ein, wie wir ebenfalls schon gesehen haben. Denn durch den Unterricht soll ein bestimmtes »Erziehungswerk« vollbracht werden, die Inhalte und Lehrstoffe sollen zur »Seelennahrung« des Kindes werden (161). Die Begegnung mit Anthroposophie erfolgt irgendwie unbewußt, die Beeinflussung der Kinder und Jugendlichen vollzieht sich auf eine indirekte, sanfte, mehr unterschwellige Art. Unterricht bedeutet für den Waldorflehrer: »Es wird etwas gerichtet, in eine Richtung gebracht, richtig geleitet – aber unter der Oberfläche« (162). Der persönliche Einfluß des Lehrers, der den Unterrichtsstoff und das gesamte Klassenleben bewußt formt, ist kaum zu unterschätzen. Das ›Ich‹, den Geist, den innersten Kern des Kindes glaubt der Waldorflehrer nicht beeinflussen zu können; was er jedoch anstrebt, ist, »daß das Instrument (des Körpers und der Seele)... gebildet wird«, und das ist durch den Unterrichtsstoff, durch die

Gestaltung des Klassenlebens und der Lebensgewohnheiten möglich.

Wie ist nun Waldorfpädagogik und christlich-biblische Erziehung in Einklang zu bringen?

In der Waldorfschule werden die Kinder und Jugendlichen in weiten Teilen des Unterrichts mit einer anthroposophisch gefärbten Anschauung von Mensch und Natur, von Welt und Geist, von Kunst und Religion bekannt gemacht, die deutlich der biblischen Offenbarung widerspricht. Sie werden zwar nicht in anthroposophische Lehren für Fortgeschrittene eingeführt, aber doch mit den Anfängen dieser Gedankenwelt vertraut gemacht, so daß die Schüler zur späteren Aufnahme der Anthroposophie geöffnet und vorbereitet sind. Diese Absicht wird auch mehr oder weniger direkt so formuliert. Das Fach Eurythmie ist ganz und gar anthroposophisch begründet, ja, mystisch-heidnisch-religiösen Ursprungs. Die Art der Erziehung und der Unterrichtsgestaltung, das ganze Schulleben und das Engagement der Lehrer sind durchdrungen vom Christus-Impuls Rudolf Steiners, von jener eigentümlichen, dem biblischen Glauben ganz zuwiderlaufenden Christlichkeit. Denn auch außerhalb des Religionsunterrichts, »schon im Rahmen des gesamten übrigen Unterrichts (werden) in unkonfessioneller Weise die religiösen Anlagen der Kinder gepflegt« (163). Die Schüler werden so zu einer Christlichkeit angeleitet, die – wir müssen es noch einmal hervorheben – in deutlichem Gegensatz zu einem allein an das Wort der Heiligen Schrift gebundenen Glauben steht, den wir doch unseren Kindern nahebringen wollen. Für die jungen Menschen erscheint aber diese Christlichkeit dem Glauben der Eltern täuschend ähnlich. Sogar viele christliche Eltern bemerken oft längere Zeit selbst keine wesentlichen Unterschiede, sind sie doch angenehm überrascht, daß man in der Waldorfschule noch betet, christliche Feste feiert oder Geschichten des Alten Testaments zum Gegenstand des Hauptunterrichts macht.

So müssen wir feststellen: Die anthroposophische Erziehung in der Waldorfschule tritt in größte Konkurrenz zur christlichen Glaubenserziehung, die für Eltern, die sich an Schrift und Bekenntnis orientieren, doch das wichtigste Anliegen und das oberste Ziel ihrer Erziehung ist. Je mehr sich Kinder und Jugendliche in der Waldorfschule dem anthroposophischen Einfluß öffnen, umso weniger werden sie – so ist zu befürchten – für die biblische Botschaft von der Erlösung allein durch das Werk Jesu Christi ansprechbar.

Deshalb ist die Waldorfschule letzten Endes für diese Eltern mit ihren Kindern keine Alternative. Oder sollten sie ihre Kinder jener anthroposophischen Atmosphäre, die für das Einwirken unsichtbarer Geist- und Geistermächte offen ist, freiwillig aussetzen? Ist es nicht ein Unterschied, ob man sich und sein Kind einem bestimmten Einfluß aussetzen muß, weil es der Regel entspricht und Pflicht für alle ist – oder ob man es freiwillig tut? Ist nicht die Beeinflussung der Kinder durch eine christlich verbrämte Erziehung und Religion, die sie nicht durchschauen können, als problematischer anzusehen als die offene Konfrontation mit dem Atheismus oder dem Materialismus, die heute an den öffentlichen Schulen weitgehend das Klima bestimmen? Sollten christliche Eltern endlich um des »Linsengerichts« einiger nicht unbedingt zu bestreitender äußerer oder auch psychologischer Vorteile willen, die der Besuch der Waldorfschule mit sich bringen kann, das »geistliche Erstgeburtsrecht« ihrer Kinder aufs Spiel setzen? Denn »was hülfe es dem Menschen, wenn er die ganze Welt gewönne, und nähme doch Schaden an seiner Seele?« (Mt 16,26).

Anmerkungen

1) RGG, zit. nach Melzer, S. 3. Die Literaturangaben werden so gehandhabt, daß in der Fußnote nur der Verfassername und die Seitenzahl genannt werden (bei mehreren benützten Veröffentlichungen des gleichen Verfassers auch der abgekürzte Buchtitel). Die vollständige Literaturangabe findet sich dann im Literaturverzeichnis, S. 64 f.
2) Kugler, S. 18
3) Steiner, zit. bei Wehr, S. 31 f.
4) a.a.O., Steiner will nicht in abstrakter Weise ein Materielles und ein Geistiges unterscheiden, »sondern in dem Materiellen selber das Geistige suchen« (Wehr, S. 32).
5) Steiner, zit. bei Wehr, S. 13
6) Kugler, S. 15
7) Steiner, zit. bei Kugler, S. 44
8) Steiner, zit. bei Kugler, S. 42
9) Gabert, S. 34
10) Steiner, Christus im Verhältnis zu Luzifer und Ahriman, S. 35
11) Becker/Schreiner, S. 31
12) a.a.O., S. 28
13) a.a.O., S. 29
14) Steiner, zit. bei Kugler, S. 27
15) Kugler, S. 40
16) Melzer, S. 6
17) Kugler, S. 12
18) In: Allgemeine Menschenkunde, S. 17
19) a.a.O. Eine Vortragsreihe vor Lehrern schließt Steiner ab mit dem Satz: »Glauben wir an diese guten geistigen Mächte, dann werden sie inspirierend in unserem Dasein sein und wir werden den Unterricht erteilen können« (Erziehungskunst, II, S. 195).
20) Zit. bei Gabert, S. 33
21) Niederhäuser, S. 38
22) Hutten, S. 400
23) Hutten, S. 401
24) Becker/Schreiner, S. 32
25) Schütze, S. 84
26) a.a.O., S. 84
27) a.a.O., S. 61 f.
28) a.a.O., S. 69
29) a.a.O., S. 70, 79
30) a.a.O., S. 85
31) a.a.O., S. 86
32) a.a.O., S. 86
33) Vgl. a.a.O., S. 41 ff., 68 ff.

34) a.a.O., S. 41

35) a.a.O., S. 87

36) a.a.O., S. 22

36*) Gabert, S. 20

37) Gabert, S. 31

38) Steiner, zit. bei Kugler, S. 65

39) Gabert, S. 33

40) Zit. bei Kugler, S. 65

41) Kugler, S. 58

42) Zitate: Kugler, S. 70 bis 72

43) Vgl. Pat Means, Im Irrgarten östlicher Mystik. Östliche Jugendreligionen unter die Lupe genommen, Telos 1979, S. 15–94

44) Gabert, S. 105

45) a.a.O.

46) Schütze, S. 18

47) Steiner, Christus im Verhältnis zu Luzifer und Ahriman, S. 15, 16 u. 22

48) Meditation als Innerung, als Hinwendung zu und als Beschäftigung mit dem eigenen Innern kann ohne Objekte (z. B. im Zen) oder an Objekten (z. B. in der Anthroposophie als »Seelenübungen«) vollzogen werden. In beiden Fällen soll der Mensch zu einem höheren Bewußtsein, zum »reinen Denken«, zum »freien Geistesleben« geführt werden.

49) Becker/Schreiner, S. 214

50) Zit. in Becker/Schreiner, S. 225

51) Melzer, S. 24

52) Zit. bei Melzer, S. 7

53) Niederhäuser, S. 18 f.

54) Steiner, zit. bei Wehr, S. 15

55) Vgl. Kugler, S. 58 f.

56) Zit. bei Kugler, S. 63

57) Hier schon dürfte offensichtlich sein, daß die Anthroposophie mit den Worten Geist, Seele und Leib ganz andere Vorstellungen verbindet, als diese Begriffe nach ihrem biblischen Gebrauch beinhalten. Dies gilt allgemein für den anthroposophischen Umgang mit biblischen Begriffen.

58) Schütze, S. 42

59) Wehr, S. 37

60) Zit. bei Wehr, S. 41. Vgl. zum Folgenden: Wehr, S. 34 ff.; Gabert, S. 80 ff.; Fränkl.-Lundborg, S. 12; Becker/Schreiner, S. 64 f.; v. Heydebrand, Vom Seelenwesen des Kindes

61) Steiner, zit. bei Wehr, S. 41

62) Vgl. Niederhäuser, S. 22

63) Vgl. Rauthe: »Die Waldorfschule als Gesamtschule«

64) Zit. nach und bei Kugler, S. 49 f.

65) Zit. bei Melzer, S. 14

66) Melzer, S. 13

67) Das Wort I-CH faßt Steiner als wunderbare Abkürzung der deutschen Sprache für den Namen Jesus Christus auf: »Indem man in Mitteleuropa Ich ausspricht, spricht man den Namen des Christus aus. So nahe will man das Ich mit dem Christus fühlen, so innig damit verbunden sein. Dieses intime Zusammenleben mit der geistigen Welt ... kennt man weder im Westen noch im Osten« (in: Steiner, Christus im Verhältnis zu Luzifer und Ahriman, S. 21)

68) Steiner, Erziehungskunst II, S. 32

69) v. Heydebrand, Seelenwesen, S. 8

70) Gabert, S. 105

71) Gabert, S. 23

72) Gabert, S. 108

73) Wehr, S. 83

74) Wehr, S. 81

75) a.a.O.

76) Steiner schreibt: »Anthroposophie, so wie diese für Erwachsene heute vorgetragen wird, wird ganz gewiß nicht in die Waldorfschule hineingetragen; dagegen dasjenige, wonach der Mensch lechzt: das Ergreifen des Göttlichen – des Göttlichen in der Natur, des Göttlichen in der Menschheitsgeschichte – durch das richtige Einstellen auf das Mysterium auf Golgatha. Das ist es, was im rechten Sinne hineinzutragen in den Unterricht wir als unsere Aufgabe betrachten« (zit. bei Wehr, S. 82).

77) Hutten, S. 403 f.

78) Vgl. Hutten, S. 404

79) Hutten, S. 405

80) Deshalb ist der 6. Januar für die Anthroposophen ein sehr wichtiger Feiertag.

81) Hauer, Wesen und Werden der Anthroposophie, 1922, zit. bei Melzer, S. 18 f.

82) E. Bock, zit. bei Hutten, S. 407

83) Eine eingehende Darstellung und Würdigung derselben ist zu finden in: J.N.D. Anderson, Jesus, Krishna, Mohammed, R. Brockhaus Verlag Wuppertal 1972, S. 37 ff.

84) Hutten, S. 404

85) Hutten, S. 406

86) Vgl. Hutten, S. 407 f.

87) Zit. bei Hutten, S. 408

88) Hutten, S. 408

89) Hutten, S. 409

90) Steiner, zit. bei Melzer, S. 19

91) Schütze, S. 30

92) a.a.O., S. 59

93) a.a.O., S. 62

94) Steiner, zit. bei Wehr, S. 84

95) Zit. in: Becker/Schreiner, S. 63

96) Die Akasha-Chronik ist nicht ein Buch wie jedes andere, sondern eine geistige Schrift, die im Weltenäther geschrieben steht und die als Wel-

tengedächtnis alle Geschichten aufbewahrt. Der erleuchtete Mensch, z. B. Rudolf Steiner, kann alles in dieser Chronik lesen.

97) Zit. bei Melzer, S. 18
98) Melzer, S. 18
99) Zit. in: factum 5/80, S. 12
100) Hutten, S. 427
101) Melzer, S. 18
102) Melzer, S. 27
103) Zit. bei Niederhäuser, S. 35
104) Niederhäuser, S. 18
105) Gabert, S. 116
106) Rauthe, S. 34
107) Niederhäuser, S. 19
108) Kiersch, S. 17
109) Lehrplan, S. 14
110) Kiersch, S. 18
111) Steiner, Neuorientierung, S. 20
112) Niederhäuser, S. 39
113) Niederhäuser, S. 39
114) Gabert, S. 102, 104
115) Gabert, S. 115
116) Gabert, S. 116 f.
117) Gabert, S. 118
118) Steiner, Allgemeine Menschenkunde, S. 10
119) Steiner, zit. bei Wehr, S. 82
120) Steiner, Erziehungskunst II, S. 35
121) Niederhäuser, S. 42
122) Wehr, S. 82
123) Niederhäuser, S. 18
124) Steiner, Erziehungskunst II, S. 55 ff.
125) a.a.O., S. 22
126) a.a.O., S. 122
127) Kiersch, S. 31
128) Kiersch, S. 20
129) Kiersch, S. 22
130) Rauthe, S. 25
131) Steiner, Neuorientierung, S. 21
132) a.a.O., S. 26
133) Vgl. zum Folgenden: v. Heydebrand, Und Gott sprach... S. 220 ff.
134) Niederhäuser, S. 31
135) Steiner, Erziehungskunst II, S. 185
136) Niederhäuser, S. 14
137) Steiner, Erziehungskunst II, S. 166 f.
138) Kiersch, S. 30
139) Lehrplan, S. 14
140) z. B. Wehr, S. 13
141) Kiersch, S. 27
142) Lehrplan, S. 36, 48 u. 53

143) Das war auch nach anthroposophischer Auffassung offenbar die Beschaffenheit der Menschheit vor dem Sündenfall. Denn: »Durch das Bewußtsein distanzierte sich die Menschheit vom Kosmos. Selbstbewußtsein erwachte« (aus einem Schülerheft).

144) Steiner, Erziehungskunst II, S. 16, 18, 20

145) Maier-Smits, S. 151

146) v. Heydebrand, Seelenwesen, S. 42

147) van der Pals, S. 7

148) Steiner, zit. bei Maier-Smits, S. 152

149) Folgende Zitate können das verdeutlichen: Der Mensch, der Eurythmie macht, leiche »mehr daraufhinorientiert, dasjenige, was sich abspielt zwischen Atmung und Zirkulation, in die Bewegung des menschlichen Organismus überzuführen. Dadurch bekommt der Mensch gerade durch die Eurythmie ein inniges leiblich-seelisches Verhältnis zu sich selber. Und er bekommt ein Erlebnis von der inneren Harmonie des ganzen menschlichen Wesens. Ein solches Erlebnis . . . wirkt wiederum festigend auf den ganzen Menschen zurück.« Eurythmie ist ein »durchgeistigtes Turnen« (Steiner, zit. bei Wehr, S. 61). »Sprache und Musik von der einen, plastische und malerische Gestaltung von der anderen Seite sind in ihr zu höherem Leben gebracht. Der eurythmisch bewegte Mensch, *in freier Regsamkeit den Welterscheinungen und ihren Gesetzen nachspürend* und sie in sich zu geistigem Leben weckend, er ist die Real-Imagination des Schülers, der im Sinne der Waldorfpädagogik sich seine Weltanschauung und seine Lebensziele in freier Tätigkeit selber sucht« (Kiersch, S. 32).

150) Schimmel, S. 43 u. 46

151) Maier-Smits, S. 161

152) a.a.O., S. 152 u. 157

153) a.a.O., S. 152

154) Steiner, Erziehungskunst II, S. 17

155) Man vergleiche dazu Darstellungen z. B. bei Carlgren, Kiersch, Niederhäuser, Rauthe, Wehr

156) Carlgren, S. 152

157) a.a.O., S. 153

158) a.a.O., S. 154

159) Kiersch, S. 27

160) Lehrplan, S. 14

161) Lehrplan, S. 7

162) Maier-Smits, S. 150

163) Carlgren, S. 148. Der Ausdruck »in unkonfessioneller Weise« ist ein anderes Wort für anthroposophisch.

Literaturverzeichnis

K. E. Becker/H.-P. Schreiner	Anthroposophie heute. Kindler-Taschenbuch, 1981
Frans Carlgren	Erziehung in Freiheit. Die Pädagogik Rudolf Steiners. Berichte aus der Internationalen Waldorfschulbewegung. Fischer-Taschenbuch, 1981
Erich Gabert	Die Strafe in der Selbsterziehung und in der Erziehung des Kindes. Verlag Freies Geistesleben, 5. Aufl. 1979
Caroline von Heydebrand	Vom Seelenwesen des Kindes. Mellinger Verlag, 7. Aufl. o. J.
v. Heydebrand/Uehli	Und Gott sprach ... Biblisches Lesebuch für das 3. Schuljahr der Freien Waldorfschule. Mellinger Verlag, o. J.
Martin Keller	Freie Waldorfschulen. Brennpunkt Erziehung 3/1980, Oncken Verlag
Johannes Kiersch	Die Waldorfpädagogik. Eine Einführung in die Pädagogik Rudolf Steiners. Verlag Freies Geistesleben, 5. Aufl. 1979
Walter Kugler	Rudolf Steiner und die Anthroposophie. Wege zu einem neuen Menschenbild. Du Mont Buchverlag Köln, 2. Aufl. 1979.
Vom Lehrplan der Freien Waldorfschule.	Bearbeitet von C. v. Heydebrand. Verlag Freies Geistesleben, Neuaufl. 1978
L. Maier-Smits	Die Anfänge der Eurythmie. In: Wir erlebten Rudolf Steiner. Verlag Freies Geistesleben, 5. Aufl. 1977
H. R. Niederhäuser	Freie Schule aus freiem Geistesleben. Ideal und Erfahrung, Verlag Heidehof-Buchhandlung Stuttgart, 1974
Lea van der Pals	Was ist Eurythmie? Philosophisch-Anthroposophischer Verlag, Dornach/Schweiz, 2. Aufl. 1978
Wilhelm Rauthe	Die Waldorfschule als Gesamtschule. Pädagogische Begründung einer Schulgestalt. Verlag Freies Geistesleben, 3. Aufl. 1975
Heinz Schimmel	Der Tanz im Wandel der Zeiten und die neue Kunst der Eurythmie. Gauke Verlag Hann. Münden, 4. Aufl. 1981
Alfred Schütze	Das Rätsel des Bösen. Fischer-Taschenbuch, 1982
Rudolf Steiner	Allgemeine Menschenkunde als Grundlage

	der Pädagogik. Erziehungskunst I. Rudolf Steiner Verlag, 1975
Rudolf Steiner	Erziehungskunst. Didaktisch-Methodisches. Erziehungskunst II. Rudolf Steiner Verlag, 1975
Rudolf Steiner	Christus im Verhältnis zu Luzifer und Ahriman. Die Dreifache Wesensgestaltung des Menschen. Rudolf-Steiner-Nachlaßverwaltung, 2. Aufl. 1968
Rudolf Steiner	Neuorientierung des Erziehungswesens im Sinne eines freien Geisteslebens. Drei Vorträge über Volkspädagogik. Rudolf Steiner Verlag, 1980
Gerhard Wehr	Der pädagogische Impuls Rudolf Steiners. Theorie und Praxis der Waldorfpädagogik. Kindler-Taschenbuch, 1977

Kritische Darstellungen aus christlicher Sicht

factum 5/1980	Rudolf Steiner und die Anthroposophie. Verlag Förderung christlicher Publizistik, Berneck/Schweiz
Kurt Hutten	Seher, Grübler, Enthusiasten. Quell Verlag, 11. Aufl. 1968. Kapitel: Die Christengemeinschaft
Friso Melzer	Anthroposophie – oder Christus-Nachfolge. Institut für Jugend und Gesellschaft Bensheim, 1980
Vera Pierott	Anthroposophie – eine Alternative? Hänssler Verlag 1982

Hänssler-Bücher:
Zielbewußt im Durcheinander der Zeit

Bestell-Nr. 55075
Bodo Volkmann
Frieden – Wirklichkeit oder Illusion?
EDITION C-Tb., 64 Seiten

Eines der kontroversen Themen unserer Zeit. Viele Argumente sind vom materialistischen Denken her geprägt. Sie erhalten Informationen über Geschichte und Wesen des Materialismus und des Friedens, wie ihn die biblischen Aussagen umfassend beschreiben.

Bestell-Nr. 55333
Anni Dyck (Hrsg)
Frieden – die Sehnsucht der Welt
EDITION C-Pb., 168 Seiten

30 Kurzgeschichten aus aller Welt illustrieren eines der beherrschenden Themen unserer Zeit. Sie verdeutlichen die Möglichkeiten, die der einzelne hat, zum Frieden beizutragen, wenn er selber Frieden mit Gott gefunden hat. Das Eintreten des einzelnen für den anderen hat entscheidenden Stellenwert.

Bestell-Nr. 74019
James W. Sire
Die Welt aus der Sicht der anderen
TELOS-Pb., 184 Seiten

Eine kompetente und gut lesbare Einführung in die Grundströmungen, die unser heutiges Denken bestimmen: Christlicher Theismus, Deismus, Naturalismus, Nihilismus, Existentialismus, östlicher pantheistischer Monismus, Das neue Bewußtsein.

Bestell-Nr. 71169
Pat Means
Im Irrgarten östlicher Mystik
TELOS-Pb., 300 Seiten

Sollte man als Christ Yoga- und TM-Übungen machen? Was sagt die Bibel über die Wiederverkörperung? Informationen und Hilfestellungen, wie man aus dem Irrgarten östlichen Denkens wieder herausfinden kann – oder vor ihm bewahrt bleibt.

Bitte fragen Sie in Ihrer Buchhandlung nach diesen Büchern!
Oder schreiben Sie an den Hänssler-Verlag, Postfach 1220,
D-7303 Neuhausen – Stuttgart

Hänsler-Bücher:
Zielbewußt im Durcheinander der Zeit

Bestell-Nr. 57301
Hans W. Aichburg
Fernsehen
Wissenswertes über Wirkungen und Wertmaßstäbe
Tagesfragen-Pb., 116 S., 5 Abb.

Engagiert, informativ und übersichtlich: Ein Beitrag eines Fachmannes, der Ihnen hilft, sich eine eigene Meinung zum Für und Wider des Fernsehens (und der »Neuen Medien«) zu bilden. Nur wer seine Möglichkeiten und Grenzen kennt, schätzt es richtig ein.

Bestell-Nr. 57303
Christian Wecker
Die Religion des Marxismus
Tagesfragen-Pb., 72 Seiten

Anspruch und Wirklichkeit des Marxismus stellt Ihnen ein Autor dar, der nicht nur die ideologische Theorie durchschaut hat, sondern auch jahrelang die marxistische Praxis erlitten hat. Er stellt das marxistische »Paradies« gründlich in Frage.

Bestell-Nr. 57304
Wather Bienert
Besinnung zum Friedenstiften
Tagesfragen-Pb., 48 Seiten

Was können Christen und Kirchen Besonderes für den Frieden tun? In 12 Thesen, die biblisch und sachlich fundiert entfaltet werden, lernen Sie Grundlinien kennen, die Christen bei allem Engagement für den Frieden nicht vergessen dürfen. Eine echte »Sachbesinnung auf christliches Friedenstiften«.

Bestell-Nr. 70335
Vera Pierott
Anthroposophie – eine Alternative?
TELOS-Tb., 256 Seiten

Aus dem Leben Rudolf Steiners ergibt sich eine Darstellung der Anthroposophie, die sich aufgrund ihrer Eigenart nicht in knappe Thesen fassen läßt. Die Vereinbarkeit christlicher und anthroposophischer Grundpositionen wird kritisch geprüft.

Bitte fragen Sie in Ihrer Buchhandlung nach diesen Büchern!
Oder schreiben Sie an den Hänssler-Verlag, Postfach 1220,
D-7303 Neuhausen – Stuttgart